让生命展辉

武冈市展辉学校20周年校庆清北校友纪念文集

周民昕　主编

山东大学出版社
SHANDONG UNIVERSITY PRESS
·济南·

图书在版编目（C I P）数据

让生命展辉 ：武冈市展辉学校20周年校庆清北校友纪念文集 / 周民昕主编 . -- 济南 ：山东大学出版社，2024. 10. -- ISBN 978-7-5607-8454-0

I. K820.7-53

中国国家版本馆CIP数据核字第2024C0H080号

责任编辑：张彩芸

封面设计：蓝海文化

让生命展辉：武冈市展辉学校20周年校庆清北校友纪念文集

RANG SHENGMING ZHANHUI:
WUGANGSHI ZHANHUI XUEXIAO QINGBEI XIAOYOU JINIAN WENJI

出版发行：山东大学出版社

社　　址：山东省济南市山大南路20号

邮　　编：250100

发行热线：（0531）88363008

经　　销：新华书店

印　　刷：山东蓝海文化科技有限公司

规　　格：787mm×1092mm　1/16

13.75印张　228千字

版　　次：2024年10月第1版

印　　次：2024年10月第1次印刷

定　　价：79.00元

本书编委会

顾　问　段世辉　傅俐亚　段文俊

主　编　周民昕

编　委（按姓氏笔画排序）

丁叶军　马根奇　王　伟　王　坚　王　敏
王传胜　王晚鸣　文　明　毛建平　龙聪云
刘建球　刘艳英　成赛玉　李　叶　李刚华
苏贤林　苏艳军　杨　斌　杨昌平　陈代俊
陈武华　陆仰豪　张厚前　周　青　周民昕
周建方　罗　娜　费镇勇　顾正旺　夏后湘
唐松前　唐秘进　曹孝宏　黄海麟　银振军
谢　琳　潘柏安　霍丹丹　戴丝丝

适性教育，让生命展辉

（代序）

《中庸》开篇有这样一句话：“天命之谓性，率性之谓道，修道之谓教。”这句话大概可以这样理解：天赋就是人的本性，遵循天赋和规律发展就是“道”，把符合天赋和规律的事情加以学习和锻炼，就是教化。这就是展辉教育集团提出“适性教育”作为核心办学理念的哲学基础。

20 世纪末，美国哈佛大学心理学教授霍华德 · 加德纳提出多元智能理论，他认为，每个人都具有语言、逻辑数理、身体动觉、交往交流、音乐节奏、视觉空间、自知自省、自然观察八种智能，只是其组合和发挥程度不同。按照加德纳多元智能理论，每个学生身上都有自己的智能强项，智能之间的不同组合表现出个体间的智力差异。“对于一个孩子发展最重要、最有用的教育方法是帮助他寻找到一个使他的才能可以尽情施展的地方，在那里他感到满意而能干。”基于这种认识，我们只有尊重孩子的智力差异，对孩子进行适合其智力特点的教育，才能让每一个孩子成就最完美的自己，让每一个生命都熠熠生辉。这就是我们提出“适性教育”的初衷和追求。生命何以展辉？如果放在浩瀚的生命时空中，这是一个庞大而复杂的命题。展辉教育集团提出“让生命展辉”这一办学宗旨，首先是基于适性教育理念之下，让每个孩子绽放“五育”之辉，绽放多元之辉，绽放核心素养之辉，为每个孩子的全面发展、终身发展打下厚实的生命底色，让他们在以后的人生旅途中经得起风雨洗礼，抵得住岁月漫长。

在本书中，十四位清华、北大的优秀校友以“回顾”与“记忆”的方式，对展辉学校适性教育的过程与结果进行了生动的解读。不止一位校友用“人生的转折点”“孕育梦想的摇篮”来形容展辉学校对他们成长发展的影响。我想，这是对展辉教育的极大肯定和鼓励吧。在此，我谨代表湖南展辉教育集团，代表展辉学校全体师生向参与本书出版的优秀校友致以诚挚的谢意。感谢你们在繁忙的学业、工作中抽出宝贵的时间，用真挚、细腻的文字表达对母校的深情厚谊，用朴实的语言解析自己的学习方法和成长心得，用谦逊的姿态介绍在顶尖学府的学习、生活，用真挚的情感表达对学弟学妹的关切和嘱咐，并为母校建校二十周年送上最美的贺礼！同时，我也代表展辉教育全体师生向千千万万逐梦在五湖四海、奋斗在世界各地的展辉校友致以真诚的问候和祝福，愿你们永远心中有梦、眼里有光、人生出彩、生命展辉！

展辉学校校长　周民昕

2024 年 5 月

目录

第二篇　学海争辉

第三篇　清北荣辉

第四篇　生命展辉

卷首

遇见·展辉

人生是一场旅途，每一次相遇都是一帧动人的画面，每一次驻足都会看到不一样的风景。遇见展辉，遇见最好的自己。

创始人简介

董事长
段世辉先生

段世辉，1967 年出生，湖南省武冈市马坪乡龙局村人。2004 年投资创办武冈市展辉学校，现任展辉学校董事长。先后创办香港展辉企业有限公司、上海展辉企业有限公司、湖南展辉集团等。2009 年被评为邵阳市“十佳回乡青年优秀企业家”，2008 年被评为“湖南省先进教育工作者”，2012 年被评为“湖南省优秀民办学校兴办者”，并当选为湖南省第十一届人大代表。

前执行董事
傅俐亚女士

傅俐亚，1966 年出生，祖籍中国台湾，现移民定居加拿大。具有丰富的企业管理、金融管理和投资预算等方面的经验。2004—2011 年担任展辉学校执行董事、总经理。

董事长寄语

时光如流，岁月不居。弹指一挥间，湖南展辉集团已在教育领域深耕二十载。在此，我谨代表展辉集团感谢党和国家对民办教育的鼓励和引导，感谢各级政府、主管部门对学校的支持和关怀，感谢社会各界、家长朋友对学校的关注和信任，感谢全体展辉人对学校的辛劳付出和奉献！

二十年风雨兼程，二十年弦歌不辍，展辉教育始终秉持教育兴邦的初心，为社会培养了一批批优秀人才。今天，千千万万的展辉学子遍布世界各地，用行动践行着“爱国、求知、笃行、致远”的校训精神。他们有的活跃在科学前沿，有的忙碌于医疗事业，有的一片丹心、教书育人奋斗在教育一线，有的一身戎装、保家卫国守护在祖国边疆……我为他们感到骄傲和自豪！

让生命展辉，是展辉教育的办学宗旨，是全体展辉人的价值追求，更是我们对社会做出的庄严承诺。值此武冈市展辉学校建校20周年之际，湖南展辉集团衷心祈愿祖国繁荣富强，祝愿人民幸福安康，祝福展辉学校和万千师生赓续辉煌、再创华章！

段世辉

2024年5月

展辉文化

办学理念：适性教育

《中庸》有言："天命之谓性，率性之谓道，修道之谓教。"适性教育理念以我国伟大的思想家、教育家孔子的因材施教思想为理论源头，以哈佛大学教育研究院心理发展学家霍华德·加德纳的多元智能理论为支撑，倡导尊重并关注每个孩子的个体差异和身心特点，通过多元化的课程体系、丰富多彩的社团活动、全方位的导师制学生管理模式，为每个孩子量身打造成长方案，促进个性发展，提升综合素养。

办学宗旨：让生命展辉

培养目标：素养全面、个性发展的优秀学子

校　　风：善美齐展　和合共辉

教　　风：顺天应性　修己达人

校　　训：爱国　求知　笃行　致远

发展愿景：湖湘一流、华夏闻名、国际水平的优质名校

清北校友

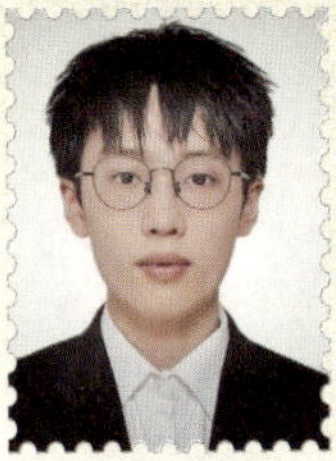

杨晨熙
2023 年
清华大学

唐家钰
2021 年
清华大学

邓联建
2021 年
清华大学

陈远航
2020 年
武冈市理科状元
清华大学

吴子祎
2020 年
清华大学

林小文
2020 年
武冈市文科状元
清华大学

庚金泓
2019 年
清华大学

朱书群
2018 年
武冈市理科状元
清华大学

易雪晴
2017 年
清华大学

刘雨欣
2017 年
清华大学

袁峰
2016 年
武冈市理科状元
清华大学

肖尊球
2015 年
武冈市理科状元
清华大学

曾兴
2012 年湖南省
理科实考分第二名
清华大学

曾菱衣
2011 年湖南省
文科实考分第二名
北京大学

第一篇　梦想生辉

鸟语花香的校园，琅琅动人的书声，恩重情长的师生爱，纯真无瑕的同窗情……展辉学校，一片滋养童年、点亮梦想的沃土。

陈远航

展辉记忆

武冈市展辉学校是我中学六年就读的学校，我在这里完成了初高中的学业，学习到的不仅是知识，也有做人和为学的道理，养成了许多受用一生的好习惯，同时也收获了浓浓的师生情和同学情。展辉也是我考入清华的起点，如果没有在展辉的点滴积累和师友长辈们的殷切鼓励，我想我很难考入清华。

第一次遇见展辉是在十年前，4 月一个阴雨蒙蒙的早晨，我从家乡城步苗族自治县来参加展辉的入学面试。天气并不算冷，短袖搭一件外套正是舒服的时候，校园里随处可见的绿植被雨露添上了一层碧绿的光彩，泥土散发出芳香。令我印象深刻的却是展辉的学生，每个人都整齐地穿着展辉的第一代校服——白色衬衫和黑色中山式外套。男生清一色是干净利落的平头，女生也都留着不过肩的短发，上课时他们坐姿端正，课堂活跃而有序，即使是课间，教学楼也不见喧嚣。少数学长正好奇地打量我们一行未着校服来参观学校的小学生。秩序感，这是此时我对当时所见情景的感受，而当时的我却只有震撼，心想如果能在这所校园学习，学习效率应该会很高吧。

2014 年 8 月底，带着进入新校园的激动和独自来到陌生环境的紧张，我来到展辉报到。第一次真正走进这所校园才发现她的面积广阔，年幼的我几乎要迷路。校园里很热闹，甚至可以说拥挤，到处都是带着孩子来报名的家长，手里提着大大小小的行李。父母带着我在教学楼报名，随后在综合楼购买了统一的被套、校服、水桶等物品，来到宿舍替我铺好了床铺，交代我要努力学习并照顾好自己，然后就离开了。虽然我当时自认为是一个阳刚成熟的小伙子，但是看着父母离开的背影还是有些鼻子发酸。不过，很快我就发现，一位刚送走爷爷奶奶的室友已经在掉眼泪了，安慰他的时候我就忘记了自己的情绪。在报名时，班主任张老师交代了要在晚上六点半之前赶到教室参加晚自习。吃过晚饭、洗过澡，还有一小会儿空余，我便来到了教学楼旁的操场。橘红色的塑胶跑道、生长得繁盛而坚挺的青草，被金色的夕阳渲染出了一层暖洋洋的光辉，我坐在草地上，对全新的中学生活充满了期待。

军训是每个展辉人都要数次经历的考验，从初一到高一，每年秋季学期正式开学前都要进行。后来在清华军训，我对同学说这是我第五次军训时，他们都露出了惊讶的表情。也许是因为当时身体承受能力差，印象里，展辉的军训强度要比清华高出不少，当然，对我的塑造作用也是巨大的。队列动作是所有军训的必修课，而内务整理真正融入了我在展辉每一天的生活，叠被子、整齐摆放所有物品、刷厕所、拖地……干净整洁的宿舍令人心情舒畅，而这些基本动作则成为我从展辉毕业后依然保留的习惯。我现在所住的宿舍，一直是班级里整洁程度最高的，不仅因为室友的卫生习惯较好，也因为我在展辉养成了整理内务的习惯。另外，初中时还有排队就餐、就寝等规范，校园里大多数时间都秩序井然，这些类军事化的管理很好地塑造了我的规则意识与合作意识。此外，我在班级中担任了三年体育委员，在协助管理的过程中也锻炼了我与同学相处的能力。展辉的德育理念是“养成良好习惯”，我非常喜欢并且认可这一点，首先这是一个非常实在的口号，并非大而空泛，并且，学校也实实在在地引导同学们贯彻这条理念，从日常学习生活中的一点一滴做起，确实让展辉学子养成了包括但不限于上述的诸多良好习惯。

展辉在管理上有一个鲜明的特点，就是纪律严明，这使我们养成了过硬的作风。每天从起床哨响起开始，每个人都充满了紧迫感，抓紧时间洗漱、整理内务，然后用最快的速度到操场上集合准备跑早操，因为迟到了不光会被批评，还会有相应的惩罚。在跑操开始前，大家也不只是站着发呆，而是拿着学校精心准备的晨读材料大声朗读，虽然只是很短的时间，却可以让大家从睡眼惺忪的状态里清醒过来，身体恢复了活力，知识也渐渐地填充到了脑海中。平时自习、上课要准时不必说，每节自习都有老师负责管理，同时年级领导也会至少巡视各班一次。着装和行为举止，由学生会的同学监督，校服穿着要整齐，校牌佩戴要规范，每月放假归校还会有对仪容仪表的专门检查，头发、指甲都不能过长。最为严肃的便是学校纪律处分条例了，每周一的晨会上，政教老师都会在广播中通报因违反纪律而接受处分的同学。我从初中直到现在的一位好朋友，一次吃冰糖葫芦把山楂籽吐歪，掉到了垃圾桶旁，尽管后来捡起来了，但还是挨了个通报批评，这件看起来有些“乌龙”的事件，反映出学校对学生品行和纪律的要求之严格。中学时期是大多数人年少无知、自我管理能力较差的阶段，我自己也不例外，有了展辉严格的管理和优质的教学，同学们学习知识事半功倍，展辉在每次全市统考中都表现优秀，看起来有些严苛的校风，也成就了展辉，这是我们展辉人的骄傲。

但是展辉并不是一所死气沉沉的学校，我在展辉生活的六年时间充满了幸福的回忆，如果时间能够倒流回到过去，我想我还会毫不犹豫地选择展辉。展辉重视学生的全面发展，教学方式和各项活动让我们的学习生活丰富多彩。在我就读初中时，展辉采用了新课改教学模式，每一次的新课轮流由各小组备课展示，每个学生都有上台锻炼和表现的机会，备课的过程无疑也会让我们对知识的理解更加深入，与此同时，备课、板书、讲课的各个环节让大家的能力得到了全方位的提升。在同学展示结束以后，老师再进行纠正，补充同学遗漏的知识点，因此教学的效果并不会打折扣。我的初中班主任张老师，同时也是语文老师，规定在语文课上课前的五分钟由一位同学来讲一小段故事或表演一个才艺，这个小环节既锻炼口才，又增添趣味。

展辉非常注重体育运动，每周有两节体育课和一节形体课，早晨和上午大课间各有一次跑操。大课间的跑操距离很长，跑操结束后列队进行体操和集体舞，最后还有跳长绳、竹竿舞等趣味活动，内容十分丰富，足以让同学们得到适当而有效的锻炼。每年的运动会持续三天时间，其间校园里到处洋溢着活力，操场上目不暇接地进行着各种比赛，加油声、呐喊声此起彼伏，如果要说青春的回忆，那么此时应该就是最盛的吧。

展辉的各种晚会活动也很多，我入学的那一学期，正值展辉10周年校庆，校庆晚会规模盛大、精彩纷呈，一年里还会有中秋晚会、元旦晚会等，每一次的晚会都会让同学们兴奋不已。展辉的社团也不少，在我的记忆里就有篮球社团、足球社团、武术社团、象棋围棋社团、舞蹈社团、吉他社团等，每个社团都有非常优秀专业的老师进行指导。当时我便是篮球社团的一员，锻炼身体、磨炼意志、结交好友，在篮球社团的日子里我可谓收获颇丰。

最难忘的是每周六晚的电影时间，原本的晚自习会变成集体观影时间，关上灯拉上窗帘拿出零食，一拨拨好友围坐在一起，气氛温馨而美好，电影结束后大家拖着疲惫的身体回到宿舍，美美地睡上一觉，一周的劳累也就一扫而空了。在展辉经历的美好实在太多，记忆随着回想不断浮现，篇幅所限就写到这里。

展辉不缺乏优秀的学生，老师也从来不吝惜表扬。每个年级名列前茅的同学都会出现在年级光荣榜上，而在高考中取得优异成绩的同学更是会在学校的光荣榜上获得一席之地，尤其是那些被清北等名校录取的同学。对优秀的追求让大家你追我赶、不断进步。随着年级升高，我的仰慕之情渐渐变成了压力与动力，我越来越努力学习，最后在高考考场上竟然超常发挥，实现了就读清华这个我原本觉得不可能实现的梦想。最后我想以一个小故事作为本文的结尾，是我在写这篇文章时回忆起来的一件事情。

八年级的一个夜晚，那一年的高考成绩出炉了，展辉取得了傲人的成绩，学校广场燃起了烟花，炮声隆隆震得人耳鸣，天空也被焰火照得彻亮。我和一位朋友来到无人的角落感受这份喜悦和荣耀，在那个时刻，我被壮观的烟花震撼得身体微微颤抖，心中却燃起了一个梦想，这个梦想很遥远，也并不是很坚定，但它一直存在，直到我真的实现它。我对那位朋友说：有一天，烟花会为我而放！

吴子祎

念念不忘

时光荏苒，岁月如梭，展辉10周年校庆的场景仿佛还在眼前，一晃眼展辉即将迎来20周年校庆，而我也即将大学毕业。初一刚入学时，恰逢展辉10周年校庆，精彩的节目、优秀的校友、生机勃勃的校园，让刚刚进入中学的我深刻了解到学校的历史，感受到了校园的活力。我坚信自己的选择是对的，并对未来六年的中学生活充满期待，期待在绿树环绕、充满芬芳的校园里和充满活力的老师、同学们共同学习、进步，突破自我。时至今日，每当我在路上看到熟悉的校服，抑或碰到熟悉的老师，总会怀念起当初一起早读、一起冲去食堂吃饭、一起刷题、一起下晚自习的日子，并不是想要再来一遍略显单调枯燥的中学生活，只是深深怀念当初奋发向上的校园氛围，怀念充满动力、踌躇满志的青春，总会涌起一股深深的思念和感恩之情。书香馥郁的展辉不仅是我求知的殿堂，更是我成长的摇篮，展辉的老师、同学们在我树立人生志向、追求人生理想的过程中为我指引明路，起到了无可替代的激励作用。

展辉的教育环境和理念深深影响着我。自入校以来，“养成良好习惯”这一朴素而又深刻、富有智慧的理念常常被老师、领导们在大大小小的讲话中提起，这不仅是老师们的期望与教诲，更是对我的学习生活的指导。无论是小学还是中学，养成良好习惯的重要性不言而喻。良好的学习习惯，如课前预习、课后复习、坚持阅读、独立思考、探讨总结等，能够帮助我们更高效地学习、更深入地掌握知识。学习之外，日常生活中养成良好习惯同样重要，比如规律作息、健康饮食、适度运动等，都有助于我们保持身心健康，以更好的状态投入到学习生活中。此外，养成良好的人际交往习惯，如尊重他人、善于倾听与沟通、乐于助人、与人为善等，能够让我们在人际交往中更加得心应手，建立起良好的人际关系，从而营造友好和谐的学习和生活氛围。各方面的良好习惯都有利于学习的开展和良好的校园、班级氛围的建设。

而良好习惯的养成所带来的影响更是深远的，在我后续的人生道路上也发挥了重要作用，展辉的教育帮助我逐渐形成了自律、自强、自信的品质，让我在面对困难和挑战时能够相信自我、坚持不懈；同时，让我在人际交往中保持平和向善的心态，建立起良好的人际关系。譬如我的班主任肖老师，一直以来都对我充满信任，并不断鼓励我树立高于目前的自己的目标，哪怕最后没有达成，最终获得的成就也很可能比现在的水平要高。肖老师的话也一直鼓舞着我提升自己，模考结束之后我甚至觉得清华已经近在眼前了。但高考结束对完答案后，我对自己的成绩非常失望，我觉得我并没有发挥出最好的水平，更不敢想能够过清华的分数线，但是老师们仍然鼓励着我。非常幸运的是，我顺利通过了“自强计划”笔试，并在老师和家长的陪同下前往成都参加了面试。此时的我很放松，虽然面试成绩不高，但最终结果是完美的，在老师和家长们的鼓励和支持下，我最终抵达了心中的“梦寐之地”。

进入大学之后，在展辉养成的良好习惯依旧让我受益匪浅。平时的课程 presentation 与初中时期的课堂展示类似，初中时期的锻炼让我能够更加从容地应对，并不是有足够的自信做到完美无瑕，而是不害怕上台，不害怕被指出问题。在展辉的教育理念和清华的三年学习氛围感染下，我坚定了继续深造的信念。在保研面试过程中，导师们的压力面试再次锻炼了我，经历一番挫折后，最终拿到了理想的 offer。

“养成良好习惯”“爱国、求知、笃行、致远”，一个从细小处出发，见微知著；一个从大国情怀出发，树立远大理想。认真践行这些理念，是我们人生的必修课。从点滴小事做起，从当下做起，努力养成良好的学习、生活和人际交往习惯，内化于心，外化于行，这些习惯将成为我们人生道路上的宝贵财富，让我们在未来的日子里更加从容自信地面对各种挑战和机遇。

展辉的校园环境同样让我念念不忘。这里恬静优雅，充满生机与活力，为我们提供了良好的学习和生活环境。清华大学作为“最美大学”之一，校园面积大，绿化多而丰富，堪比公园，校园环境令人愉悦，但是因为南北气候差异，这里和展辉的校园景观有很大的不同。欣赏着清华满校园的紫荆和丁香时，常会怀念起展辉校内香气扑鼻的桂花和栀子花。冬日，北京的植被尽显荒凉，满目都是枯枝，空旷寂寥，而位处南方的展辉植被常绿，老叶坚持守护在枝头，待到来年新叶成长方才随风飘落。绿树成荫、花香四溢的展辉校园，让我感受到清新自然的气息，令我心旷神怡，也让我在紧张的学习之余，可以随意散步欣赏美景、放松身心，更好地投入到学习中去。

展辉的校园文化氛围浓厚，校园活动也丰富多彩。展辉汇聚了附近地区的优秀学生，还有或经验老到或青春前卫的老师，大家在一起学习、交流、成长，既有书声琅琅的早读、晚读，讨论热烈的课堂，也有落针可闻的自习，大家相敬相爱，情谊深厚。老师们用他们的智慧和热情点燃了我们求知的火花，同学们用他们的友谊和支持陪伴我们度过了青春的岁月。虽然我读高中时学生兴趣社团才刚刚兴起，没有机会参与其中，但是能感受到校园内兴趣发展氛围浓厚，学弟学妹们都在选择自己感兴趣的社团自信展示自我。此外，每年的运动会、文艺晚会丰富多彩，每到此时，校园内都热闹非凡，同学们有的在运动场上挥洒汗水，有的在场外摇旗呐喊，还有的按照自己的节奏自我休整。此外，每周固定的大扫除、偶尔举办的活动讲座，全员皆可参与其中。这些校园活动增强了我们的身体素质，提升了我们的文化素养，丰富了我们的课余生活，也锻炼了我们的组织能力和团队合作精神。

回首过去，晚睡早起、日夜苦读的疲惫都已淡去，我反而越发明白展辉对我的成长和发展起到了至关重要的作用。母校不仅教会了我知识，更教会了我如何做人、如何处事。她是我人生的启蒙者和指引者，也是我成长的见证者。

喜爱、赞美、思念和感恩之情，无法用言语来表达。

在未来的日子里，我将继续秉承母校的教育理念和精神风貌，不断努力、不断进步，为实现自己的人生理想而努力奋斗，做一个对社会有益的人。同时，我也将永远怀念在母校度过的那段美好时光，感恩母校对我的培养和教诲。

曾菱衣

白衣飘飘的年代

回到故事开始的地方，五年级结束之后的那个暑假接近尾声时，我正在发愁作业还没写完，突然得知爸爸要转去一所新开的民办学校当老师。于是，几乎是一夜之间，爸妈把我和没做完的暑假作业一并打包，搬进了展辉的教师公寓，我也就此成为展辉学校的第一届六年级学生。第一次站在学校门口时，那里还没有那条宽敞的沥青大道，也没有校门口平坦的水泥路，只有雨后满是泥泞、混杂着石堆的黄土路，让人寸步难行。我小心翼翼地避开水坑，溅起的泥点却还是慢慢爬满了鞋和裤腿。当时的我看着学校对面还未铲平的“黄土高坡”，还不知道未来这里将发生怎样翻天覆地的变化，也无法预见我将在这里留下多少鲜活闪光的记忆。

2004 年展辉学校成立时，作为一所新开的民办学校，声誉自然比不上其他公立的传统强校，第一年招生全靠学校的领导和老师们身体力行地去做宣传，我爸爸也是其中之一。那时候城里乡下随处可见学校的招生宣传海报，连我在公堂乡下的小舅妈赶集摆的小摊旁都竖起了广告。得益于老师们的良好口碑，展辉学校高中部也招到了不少好苗子，然而我所在的六年级，生源却不尽如人意，很少有人会在小升初的关键时刻让孩子转学，而且还是转去一所前路未知的新学校。于是底子还不错的我居然一跃成为年级第一，并且几乎没有掉下来过。我妈打趣说这是“老虎不在山，猴子称霸王”，我也深以为然。

虽然学习上暂时少了一些压力，但展辉在当时独树一帜的教学模式，让我第一次发现原来学校不只有读书一件事。各式各样的兴趣班和课外小组，丰富多彩的演出和比赛，让我接触到了书本之外的广阔天地。记得那时候学校经常举办演讲比赛，刚开始没有多少人主动参加，老师就开始从成绩好的学生中“抓壮丁”，我就这样成为演讲比赛的半固定参赛选手。其实我本身对于成为公众场合焦点这件事是有几分恐惧的，比赛初登场时总会有些紧张磕巴，但温柔的语文老师并没有把重点放在帮助我调整心态上，而是一遍遍地带着我练习发音、调整语气、把握节奏。慢慢地，演讲稿上的修改痕迹变得密密麻麻，那些句子从我嘴里说出来时也变得越来越顺。这时候我才明白，我对上台的恐惧本质上是来源于对未知的担忧，而当我熟练到即使紧张也可以脱口而出下一句时，那些不确定性便开始慢慢消散，我的内心也越来越坚定，这就是看上去游刃有余的原因，也是自信心最根本的来源。

升入初中后，随着竞争对手实力增强、学习科目骤然增多，我虽然还能保持在年级前十名左右，却很难再考第一了。然而经历了六年级的“鹤立鸡群”之后，周围的人对我有了不一样的期望，我对自己的要求也开始变高。再加上上一届的学长学姐们非常优秀，在那年的中考中包揽了全市前三名，所有人都希望我们这届也能再创辉煌。初三时全年级重新分班，我们的班主任换成了上一年带出全市前三名的周民昕老师。周老师很年轻，管理风格却非常严厉，平日里不苟言笑，有一种不怒自威的气质。上课时、自习时，他时常会在最意想不到的时刻和地点出现，将我们的一举一动都纳入眼底。时至今日我都还能回想起和前桌讲完小话一转头发现班主任就在窗外凝视的恐惧，从此上课端坐，再不敢左顾右盼。还有一次，学校开文艺晚会，大家在教室集合时还是晚自习时间，整个屋子里充斥着窸窸窣窣的噪声，我想到周老师那严肃的神情，当时就捏了一把汗。果然，老师来了之后看到我们毛毛躁躁不好好上自习的样子，当即进行了一顿劈头盖脸的教育，还说作为惩罚晚上不许去看晚会。大家也不敢有丝毫怨言，只好老老实实安静下来看书。虽然最后老师还是让我们去看了晚会，但是之后大家再也不敢在学习时间心思飘忽了。总而言之，周老师将我们这群“小毛猴”治得服服帖帖，大家怕他，也敬他，更感谢他帮助我们养成了良好的学习习惯，让我们在学习时严格要求自己，时刻保持专注平和。在激烈的竞争压力和浓厚的学习氛围之下，我前所未有地沉浸在学习中，然而事与愿违，我最终仅以全市二十多名的成绩升入高中，离理想成绩还是差得很远。尽管如此，初中养成的良好习惯为我之后的学习打下了坚实的基础，让我受益终身。

升入高中后，高一是一个很重要的分水岭，要学习语文、数学、英语、政治、历史、地理、生物、化学、物理九门课程，要想保持领先，就不能有严重的偏科，但与此同时，又要找到并培养自己的优势项，为高二的文理分科做好准备。当时我的优势是没有偏科，每门课程都能排年级前10%，因此总分能够保持在年级前三名。然而随着数理化课程内容的不断深入，我发现理科并不是我的强项。很多时候上课听懂了，遇到题目却依然千头万绪，无从下手。我需要付出更多的时间，才能达到我学习文科科目时同样的效果。因此我最终在高二分科时选择了文科。文科的学习方式和理科截然不同，做题不再是学习的工具，而变成了检验的手段，我终于不用再绞尽脑汁地刷题，更多时候只是重复翻读课本。整个高三，我都坐在讲台旁边的单人座，心无旁骛地沉浸式学习。我们也许很难在努力的过程中感知到自己的进步，但流逝的时间不会说谎。遇到学习上的问题或者心态上的波动，我经常跑去各个老师办公室里“开小灶”，老师们教给我的不仅是学习的经验和方法，还有面对变化宠辱不惊的心态，让我能够不去计较每次考试的得失，而着眼于每一个实实在在的知识点。

距离高考还有最后几天时，学校没有安排上课，让大家自由复习。教室里一改以往沉闷的氛围，大多数人都觉得最后几天已经无法改变什么，不再埋头在课本中，而是开始准备和并肩作战的朋友们以及整个高中生涯告别。黑板上写满了每个人的名字，还有各种加油打气的句子，大家互相交换同学录和毕业礼物，沉浸在离别的感伤和解脱的喜悦中。而我过得和之前的每一天并没有区别，依然按部就班地完成每天的学习计划，仿佛即将到来的只是一场最平常最普通的考试。不过在高考前夜，我还是有些紧张。和以往不同的是，这次的紧张不再来源于对未知的担忧，而是来源于这场考试的重要性，我尽量让自己把它当成一场普通的考试，但心里却很明白它其实非常重要。为了让自己尽快入睡，我开始想象第二天考试的情景，并强迫自己细化每个动作，比如发下卷子之后，我会首先拿出笔，取下笔盖，接着写下准考证号和名字……通过想象这些已经发生过无数次的小细节，我渐渐感到了平静。是的，这些即将发生的场景我们所有人都已经演练过了无数回，这次也不会有什么区别。即使这场考试再重要，我们也会像完成之前的任何一场考试一样，在两天后结束它。这么想着，我很快睡着了。

高考结束后，我和几个同学一起走出教学楼，都没有什么经历人生重大时刻的实感，总觉得晚上还要回到教室去上自习，明天还能见到所有的老师和同学。然而离别是猝不及防的，我后知后觉地发现，在我努力放平心态、屏除外界影响时，我也忘记了和所有人、和母校好好告别。我缓慢地消化着久违的假期，甚至忘记了关注高考成绩公布时间，好在我爸作为老师消息灵通，带来了意外之喜，我居然是整个湖南省文科实考分第二名。至今想起来都觉得非常幸运，我一直以来都是一个非常普通的人，感谢所有老师的鼓励和命运之神的眷顾，让我在某一刻也能发出微弱的光。母校的每一条小道、每一个角落都充斥着我们的笑与泪，见证了我们的成长和遗憾，在多年后回忆起来依然熠熠生辉。

邓联建

岁月留香：我与母校

69 班位于小学部老教学楼走廊的一端，出了教室门之后趴在走廊的栏杆上就可以看到操场。入秋的季节是新学年的开始，69 班是由插班生新组建而成的三年级班。起床、洗漱、早操、早读、上午上课、午休、下午上课、晚自习、洗漱、熄灯、睡觉——这是学校为每一位小学生制定的作息表，不同地点之间的转换都要通过排队、整队来完成，秩序井然。然而，这一天晚自习结束后整队回寝室的过程中，有一个小家伙留在了教室外的走廊上。晚自习结束后，教室都熄了灯，但在月光的映照下环境并不是一片漆黑，当时已入秋，空气中凉意渐增，这个小家伙就躲在角落里哭。实际上，这不是这个小家伙第一次哭了，在他意识到他要在一个“怪地方”待很久时他就经常哭：在寝室哭、在排队去食堂的路上哭……哭使他逃过了整队时的点名环节，这可能是他与同学、与老师之间的默契吧。

难为情地说，这个爱哭的小家伙就是我，这就是我与展辉的开始，一个奇怪却又无比合理的开始。

私立学校、高额学费以及当时在小县城里较为领先的教学设施和教学环境，都让展辉成为武冈学校中耀眼的明星。当时我爸脑子一热，我就稀里糊涂地进了这个学校，人生中非常重要的三个阶段——小学、初中、高中，我都在展辉度过，展辉对我来说究竟意味着什么，又带给了我什么呢？

小县城的“衡水中学”

展辉学校当然不仅仅是一所中学，我将其称为“衡水中学”的目的更多意义上是一种赞誉，我想，县城里的大多数家长对此应该没有异议。衡水中学以事无巨细的作息表和强大的执行力闻名，而这两个特点也是对展辉学校的大致面貌的概括。

无论是小学、初中、高中，学校都制定了一张非常详细的作息表，除了休息日之外，学生一天的基本日程就确定了。展辉学校很大——对当时的我和其他小孩子来说，的确很大——因此，对于小学生来说，在两个地点之间的转移是需要整队集体出发的，至今，我对“立正、双手抱臂”的口令还耳熟能详。对于初中生来说，集体行动的机会少了，自由活动的时间多了。到了高中，除了要进行大规模活动外，“立正、双手抱臂”基本上就听不到了。因此，在学校的学生中，高中生是最让人羡慕的，而幼稚的小人们也都期盼着快快升入高年级。按照学生的成长规律循序渐进地制定相应规矩，在这样的规矩锻炼下，我们养成了良好的习惯，这些习惯可以说影响着我们的一生。

“教学改革”是我上初中时从班主任老师嘴里经常听到的一个词语。具体落实下来就是让学生自己上台讲课，这样的“翻转课堂”主要在初中部实施，而初中部教室座位的安排也是最特殊的：它是以小组为单位，小组成员的桌子凑成一团，为上课时同学们的讨论（有意义和无意义的）创造了充分的条件。“翻转课堂”的机会很多，基本上人人都能做展示，其中最重要的是学生做教学演示（有很多其他老师在台下观看），我有幸参加过一次，可惜效果并不好。

学校的活动比较丰富，小学时期印象最深刻的是“六一”儿童节那天的班会。在这一天里，平时一排一排的座椅会被打乱，重新拼接成一个正方形，桌子上会摆上大家购买的食物，有能力的班级会买一些气球来装饰。白天，正方形里表演着大家精心准备的节目，晚上，以一部电影为节日收尾。初中时期，最令我印象深刻的是运动会，如果没有其他的运动项目，运动会则代表着多日的自由活动时间，与平时紧张学习的日子相比，这显得弥足珍贵。除此之外，元旦晚会、拔河比赛、演讲比赛、歌手大赛等活动也很让人怀念。

作为一所私立学校，学费自然是高昂的，我一个穷学生是如何上得了这样一所“贵族学校”呢？答案是奖学金体系，对于学习优秀的学生来说，学校会给予一定程度的学费免除。于我而言，展辉无愧于最好的学校，尽管她并不是十全十美，但毋庸置疑，她的确给了我成长路上足够的滋养。

寄宿生活与“苦中作乐”

从三年级开始，我就寄宿于展辉学校，一直到高三。除了寒暑假之外，平均每个月只有 3、4 天待在学校以外的地方。可以说寄宿生活是我成长过程中不可忽视的浓墨重彩的一笔。

小学宿舍是一间大房间，一排排不到 2 米的小床整整齐齐地排布在这个大房间中，热闹是肯定的。平时在寝室里自由活动的时间少，不一会儿就要出发去做操，或是熄灯睡觉，休息日一到，就跟赶集日到了似的，人声嘈杂起来：有在角落里下象棋的；有两三个人一起做拍手游戏的；有躺在床上看闲书的；如果平时表现足够好的话，还有可能获得拿旧式播放机看电视的机会。

到了初中，宿舍里每个人的空间会宽敞很多，是 10 人寝，床是经典的上下铺，高中宿舍则跟初中宿舍差别不大。

无论是哪个时期，宿舍都承担了核心娱乐功能。在这个地方，遇到的都是同年龄段的人，而且这个地方留足了私人空间。如果说寝室外面全是各种各样的规矩，那么在寝室里就有与规矩博弈的空间，这是一个给身体和精神放松的地方。

还记得，晚自习之前大家聚在寝室一起玩睁眼闭眼的“杀人游戏”以及熄灯之后大家小心翼翼地交流八卦与趣事……那时完全没有失眠的困扰，更不会有对第二天的焦虑，大家只是尽可能地在枯燥的日常中攫取快乐，享受当下。

最放肆的一次颇有李白“古人秉烛夜游，良有以也”的风范。至今想起和同学相约半夜起来打着手电筒一起玩以三国为题材的卡牌游戏的自己，觉得好笑的同时又羡慕不已：快乐是一次性的，现在的自己已经享受不到这么简单的快乐了。

朱书群

梦起展辉

在湘西南那片被翠绿山峦温柔环抱的土地上，有一所闪耀着智慧光芒的学府——武冈市展辉学校，它不仅是知识的殿堂，更是我梦想启航的地方。回望那段从青涩到成熟的岁月，每一幕都如同璀璨的星辰，镶嵌在我记忆的天幕上，熠熠生辉。如今，作为一名清华大学的学生，我满怀感激之情，提笔记录下在展辉学校的学习、生活以及老师与同学之间的点点滴滴，以此致敬那段美好的时光。

记得第一次踏入展辉学校的校门，我便被它那独特的静谧与庄严吸引。高耸的教学楼、郁郁葱葱的校园绿化，还有那随处可见的励志标语，无不在诉说着这所学校的非凡气质。作为一名来自农村的孩子，我深知这不仅仅是一个学习的地方，更是我改变命运、实现梦想的起点。在这里，我遇见了来自很多村镇的同学，我们带着各自的梦想汇聚一堂，共同开启了这段难忘的求学之旅。

展辉学校的管理之严、教学之精，是我最为印象深刻的地方。学校注重培养学生的自主学习能力，从早自习到晚自习，每一分每一秒都被安排得井井有条。老师们不仅传授知识，更注重学习方法的传授，鼓励我们独立思考，勇于探索未知。在这样的环境下，我逐渐养成了良好的学习习惯，学会了如何高效地规划时间，如何面对困难不退缩，如何在失败中汲取教训，继续前行。

除了紧张的学习，展辉学校还为我们提供了丰富多彩的课外活动。从文学社到科学俱乐部，从篮球队到合唱团，每一个社团都像是一个五彩斑斓的梦境，吸引着我们去探索、去尝试。我加入了学校的辩论队，在无数次的唇枪舌剑中，我学会了如何清晰地表达观点，如何理性地分析问题，更重要的是，我结识了一群志同道合的朋友，我们一起奋斗、一起成长，那段时光成为我青春中最宝贵的记忆之一。

在展辉的求学路上，我遇到了许多优秀的老师，他们不仅是我学业上的引路人，更是我人生道路上的灯塔。记得我的初中班主任刘老师，她总是用温暖的笑容和鼓励的话语激励着我们每一个人。每当我遇到挫折时，刘老师都会耐心地听我倾诉，给我建议和鼓励，让我重新找回自信和动力。还有数学周老师，他那严谨的教学态度和深入浅出的讲解方式，让我对数学产生了浓厚的兴趣，也为我后来在清华大学的学习打下了坚实的基础。这些老师们的言传身教，让我深刻理解了“学高为师，身正为范”的真谛。

在展辉的日子里，我结识了一群志同道合的朋友。我们一起度过了无数个日夜，从课堂上的激烈讨论到课后的欢声笑语，从运动场上的挥汗如雨到图书馆里的静谧时光，这些点点滴滴都汇聚成了我们深厚的同窗情谊。我们相互鼓励、相互支持，共同面对学习和生活中的挑战。虽然如今我们已各奔东西，但那份纯真的友谊却如同陈年老酒，越久越醇厚。我相信，无论未来我们身在何方，都会铭记这段共同奋斗的岁月，奔赴更加美好的未来。

回望过去，是展辉学校给了我一个展翅高飞的平台，让我从一个懵懂无知的少年成长为一名有志青年。在这里，我学会了知识，学会了做人，学会了坚持，学会了为梦想而不懈奋斗。如今，我虽已踏入清华大学的校门，但展辉的精神将永远伴随着我，激励我在未来的道路上不断前行！

庾金泓

我在母校的那些年

我从2013年就来到展辉学校读初中了，听亲戚说这边的食堂饭菜比较好，现在想来真是一个巧合。

我是农村孩子，第一次进入县城中学读书，对环境的适应力是很差的。初一的头几个星期，我都想着能早早来到周五，回家享受那一天半的假期，周日下午又不舍地离去。时间长了，才终于适应了在学校过周末的日子。那时虽有周末，却没有几个朋友，因此大部分时间是自己孤独度过的。后来交了两个朋友，都和我一样黑黑的，周末约着去打乒乓球，我开始不会，但很快熟练了，烈日炎炎之下，三个人晒得更黑了。

提起他们，是因为他们是我来到展辉最初的朋友，我喜欢他们的单纯，喜欢他们的诚实善良，后来，一场分班过后，我们的联系就慢慢淡了。

八人一个小组是初中的上课模式。作为一个小团体，评分高低是评价小组优秀与否的标准。虽然现在看来一些评分机制显得幼稚，但也是一些好的回忆。犹记得如果小组评分第一会得到一些小的奖励，我们小组拿过一次，当时我选择了免早操一次，后续也算是派上了用场。想到这里我不禁怀念那个时候单纯的自己。

我仍记得一些美好的场景，早晚读为了比谁读书的声音大而声嘶力竭，仿佛声音的高低就能决定我们的学习热情和投入程度；午休往往要等别人趴着睡着之后才开始休息，仿佛多学一分钟就能让自己安心。初中时期特有的活力和激情，当是之后再也寻找不到的了。

学校食堂伙食不错，但我初中时却没怎么好好吃饭，往往是中午买几个面包，导致现在的自己个子不高，实在是为过去的自己“痛心”。

回顾初中阶段的学习，给我带来相当大帮助的应当是课改，那时流行小组展示，每个人都需要到讲台上去讲题，去表现自己，我从最开始的战战兢兢，讲话时磕磕绊绊，到有了一定程度的自信，回想起来对课改只有发自内心的感激。

我清楚地记得第一次上台，讲的是一元二次方程的因式分解。在还没轮到我上台时，我脑子里已经练习了N次，可临到我时，我还是不可避免地心跳加速，语速过快，头晕目眩，双腿发抖，盯着黑板，不敢看老师和同学。即使后边练习的次数多了，也还是紧张，不过再也没有当初的那种过度反应了。我想，这就是一种成长。

英语是我当时最喜欢的课程，几任英语老师都很有特点，我从她们那学到了较为流利的口语和扎实的语法基础。英语演讲比赛、英文诗歌读背，这些都使我对英语产生了持久的兴趣。时至今日，当我比较顺畅地阅读英文文献时，我都会想起那个时候辛勤的老师，同时也感谢那个时候的自己。

当时学校有这样一个举措，初三下学期将一批成绩靠前的同学提前送进高中部学习高中知识，我便是其中一个。高中的课程更加深入，老师的教学方式也更重启发和引导，需要我们更多地自主学习和独立思考。就是在这样的一段日子里，我提前适应了高中的学习生活，并积攒了一定的学习经验。

高中时期，老师们在学习和生活上都给予了我莫大的帮助，我并没有将他们忘记。要选出一个最让我尊敬和感激的老师，当是化学老师袁老师。袁老师是一位极其敬业和负责的老师，他对学生倾囊相授、无私奉献，每次上课总能写满一黑板的笔记，课后还挑选相关习题巩固当天或当周学习的内容。我觉得，即使是不爱化学的同学，也会慢慢转变态度，真心地对化学产生一定兴趣。课堂之外，袁老师的关怀也如春风拂面一般温暖。在我第一次为取得第一的成绩而觉得不可思议时，是他坚定了我的信心；当我上台演讲表现得怯场时，他会在台下给予我鼓励，尽管最终因为个人原因表现得不尽如人意。我会在心中铭记这份恩情，将谆谆教诲转化为前进的动力，不断追求更高的目标。

高中重学习，我的成绩还算可以，不再是初中的那个“小透明”，朋友也多了。每到就餐时间，大家都争先恐后地奔向食堂，以避免不必要的排队，能够吃到更加热乎的饭菜。我也是这里面狂奔的一员，和几个朋友一起。我吃得不多，我的朋友却能吃好几碗米饭，甚至还要比试一下吃饭的速度，后来回想，这大概就是我当时中午吃完饭经常肚子疼的原因吧。我们几个比较要好的朋友，学习上有时也会暗暗较劲，却也相处融洽。进入大学以后，我们也常往来，相互交流一下近况，其乐融融。

学校非常关心同学们的心理健康，每周一基本上都有一节班会课，经常会探讨一些如何面对学习压力和人际关系的问题，以培养学生积极的心态。同时，也往往有一些大型活动，如成人礼、百日誓师大会等，用来激发同学们的斗志，坚定我们的信念。

为什么决定考清华？最早的记忆可以追溯到初二。也许是一些无心之言，老师说我是考清华的苗子。世界就是这么奇妙，有的时候，别人的一句无心之语就有可能改变你之后的命运。虽然当时这些话没有给我造成过多的触动，但那时的场景却让我印象深刻，在我心里留下了烙印。

加深这一愿望的是曾兴学长的一场演讲。学长刚从清华大学毕业，能说会道，光环缠身。俗话说，榜样的力量是无穷的，那时初三，听到优秀的人谈论高中学习经验，不禁心潮澎湃。想象了一下可行性，我当时就觉得自己也能做到——心里埋下了这样的一颗种子，便只缺一个萌发的契机。

为了像曾兴学长一样优秀，我便早早地在高中入学前自学完一些必修课程。尝到了努力的甜头后，就不能停下来了，因为稍有松懈便会被赶超。心中有对清华的渴望，后来又蕴存着老师和学校的期望，感觉心中又多了一份责任，此间种种，都更加坚定了我的清华大学梦。

母校是我生命中无法割舍的一部分，是我心中永恒的圣地，每当我回首往事，心中总会涌起无尽的思念与感恩。

很久没回母校看看了，不知变化几何。

杨晨熙

展辉，火地群岛灯塔

从火地群岛灯塔驶过的船舶从不孤独……

从火地群岛灯塔驶过的船舶会感到孤独吗？

火地群岛灯塔

火地群岛，首府为阿根廷的乌斯怀亚，世界上最南端的城市，与南极洲隔海相望。在这里，眺望无瑕的白色荒漠连通浩瀚的太平洋与大西洋的，是一条在南洋浮冰与西风洋流上断断续续开辟出来的航道。

一个由荒凉火山、原始森林和冰川湖泊默默守护着的寂静之地，一条曾供无数科考船与观光船补给的生命线。

或许是两洲两洋之交的巴拿马运河地理位置更加优越，或许是远在世界另一尽头的北极航道更为便捷，又一个百年过去，从这里朝南方走的人还只是那么多，乘着船，从这经过又回去，在这颗电磁波与噪声争相喧嚣的蔚蓝星辰上，仿佛只留下驶过的痕迹，让季风吹走两个世界的遗忘。

这里没有什么值得留恋的，就连所谓的白色航迹，也不过是轮叶搅动下，海水盐分、空气尘埃和其他物质混合的白色泡沫和飞溅，在太阳光照射下短暂地发生不超过一个工作日的反射与折射。

火地群岛灯塔就坐落在这个遗忘之所上。自从 1886 年完工以来，它就坚守在这里，陪着第一任点灯员直至现在的自动化管理，代替遗憾缺席的极光，给为数不多的科考船和观光船夜以继日地提供 380 到 780 纳米范围的可见光，迎接到来，挥别离去。

六年船舶

火地群岛是我初中时在地理作业上遇见的一个简答题。

当时“衡水”“海淀”“黄冈”的模拟卷还未在学校前后门的教育文体书店宣泄嚣张气焰，最“可恶”的也不过是一些“赫敏·格兰杰”式的学霸悍啃《五三》——2017 年那年还没有“内卷”一说，现在回想起来，他们半夜刷《五三》被查寝宿管扣操行分，然后月考考满分又加回操行分的行为，就是名副其实的内卷。

然，对于我们这些普通学生来说，《学法大视野》和《湘岳中考》才是最适合展辉学生的教辅。

《学法大视野》题目多，但不难，每章每节都很齐全，因为把基础和疑难并重，有时略显刁钻，所以写起来不算轻松，但是收获会很大。毕竟初中部当时有着第一节晚自习做数学的要求，所以每天两节晚自习要花大半节课来写一门地理作业是比较折磨人的，但是听过课的人写起来就像复习，功课落下的同学写一写也能自学到足以应付及格的知识点，所以每个班都会当作家庭作业来布置；《湘岳中考》就相反了，用教我们班地理、现在已经退休的张老师的话来说，《湘岳中考》全是中考要考的，你不写也得写，想写更得写，生地会考开不得玩笑，所以就算是那些喜欢混日子的学生，也都得硬着头皮写完这 200 来页，会考前夕再花上几周的晨读和跑操时间，在操场上背背。

话说回来，当时初中部的做法成效斐然，不只是生地会考，学校的中考成绩从我入校时便一直都是武冈市第一。当时没有什么“衡水模式”，备课小组的老师们每周都会发一些自主编写的绿色资料和试卷，对学生来说不仅是最佳的“提分宝典”，也是周六班级电影日的课外读物，我对于火地群岛灯塔的了解也是从这里来的。

此外，第一节晚自习写数学的要求，不光为包括我在内的一大批学生在高中部的数学学习打下了良好的基础，还潜移默化地帮助我们培养了严谨勤奋的学习、生活态度，印证了综合楼前大石头上“养成良好习惯”的校训。

当时社团很多，不管是初中部还是高中部，每周都有四节课来给同学培养兴趣爱好，学校一大堆高水平的艺术和体育代表队就是这样来的，给我们争了很大的光——“展辉学校不仅文化教得好，而且在青少年多元发展的新时代要求上花了大工夫，培养出了许多德艺双馨的老师和才学兼备的学生。”每年的元旦晚会不仅是学校最盛大的活动之一，更是我们学生心中最期待，也最能代表学校“让生命展辉”教育理念的师生团建。

记得那道地理题材料里面写道：“火地群岛……由 4 个主要岛屿和众多小岛组成，这些岛屿风景秀丽，自然资源丰富……其独特的地理位置和气候条件，使火地群岛拥有独特的生态环境，是多种稀有动植物的栖息地。”现在想起来，我应该就是那群稀有动物中双脚站立、懂得学习语言思考的种群平均样本之一。

启航，海域船舶，一晃而过。

“船舶在海上航行超过一个月，动力系统和通信定位系统就会受损。”

这不是船的设备优劣和规模大小引起的工艺差距。真正在海上漂过的人都清楚，再先进再完善的船在面对飓风海浪和化学反应时都会显得不堪一击，因为航行的海域本身就是不完美的，太阳和月亮的科里奥利力赋予了这片生命之水定期潮汐的能力，地磁自转带来了季风和洋流，蠢蠢欲动的价层电子通过范德华力和化学键变化物质的名称，那些万无一失的航行巨轮，最大的运气也只是走上了一条前人用生命填平沟壑的平静海域。

自从地核沸腾开始，海洋就沉睡在那里，骤然的海啸或许只是四十六亿年来一普朗克时间内无意识的喷嚏，船舶翻沉怨不得它。

人生就如同这艘船舶，终生漂泊在“竞争”的海域里，航行在“教育”的航线上，成功与失败不会与生俱来。没有绝对的投入，在这个冷酷的黑箱的另一端就必不会有相对的收获。这是残忍，也是公平，万人的竞争不仅要检验对人的规训，更要合乎规矩地为每一个付出日夜的家庭平等地按“劳”分配。

因此，这个庞杂的机械过程对于参与者来说是痛苦的、迷茫的、无法理解的，但是，“不公平，也不完美，是这片海域惯性系中，最公平、最完美的牛顿定律”。

不公平与不完美并不意味着船舶一定会在飓风和海啸中消逝，再破碎的人生也有值得被救赎的价值。正如在世界最南端的岛屿，最孤独的航线上，有一座火地群岛灯塔，给那些寒冷黑夜中的船舶以指引与慰藉。

遇见灯塔就是船舶最大的幸运。

展辉与我

2020 年，相关政策出台，对部分私立学校相关工作采取进一步限制措施。

2020 年，展辉豪取 3 份清华证书，创校市纪录。

2020 年，新冠疫情仍在进行。

2020 年，传言展辉部分老师返回编制。

2020 年，中考仅 886 分的我升入高中部。

请允许我托大，把我这位小小角色，与 2020 年的诸多大事并谈。权当耐心听一位当时幼稚的高中新生，对他此后截然不同的三点一线的三年学习生活娓娓道来。

相比于 21 天记 GPA 的清华军训而言，高中一周的军训是短暂且快乐的。我初识了我的伯乐——高中“老班”刘建球老师。军训第二天，办公室内，我偷懒请假，被“球老”吓住。“抓紧每一分时间，做好计划……争取尽快自学完高中的课程……听我的，考上清北为校争光没问题……”魔音贯耳。这让当时“摸鱼”的我——一个未经过打击、乐乐呵呵的中学生，第一次对未来产生担忧。

事实证明这种担忧并非空穴来风。三年来，我不光没做到第一点，后两点也只完成得马马虎虎。更何况，这三年来，我和学校均饱经风霜。

我们这一届常规联考成绩一直没有取得战略性的突破，领导很担心，老师很焦急，我们很绝望。我首次失败是在 2020 年 10 月份的武冈市高一期中联考，校二市七，实际上，市前五十展辉也只有十几个，剩下的几乎都是二中的，这种情况一直持续到高三。

我这届成绩迟迟拿不出手，舆论就开始一边倒了，结合当时学校确实存在师资交替问题，这让外界乃至兄弟学校都逐渐不把我们当作一所理应值得尊敬的教育机构，这种“唱衰论”的偏见甚至渗透到学生群体当中。

寒冬来自2022年高考，那年学校清北上线率为零，而我赋分后仅580多分。

怎么解决问题？这是当时所有展辉人孜孜以求的答案，也是我在寻求自我与定位梦想时迈不过的坎。

转折始自2023年1月份的邵阳一模。经过学校、一众任课老师和我的努力，我竟取得了邵阳第一的成绩。对学校而言，这无疑是一颗定心丸。此后，在刘老、唐老师、彭老师和黄主任、陈主任等一众关心我的领导对我的鼓励与一路绿灯下，我的成绩逐渐在国专清北线左右稳定了下来。

……

2023年8月，我考入清华为先书院，同时学校理想的成绩也证明了学校的实力。

……

后来我才了解到超级中学的运转模式，相比于我们基于课本的素质教育，他们具有的主要优势是更好的师资，去开展更符合高考的应试教育。

没什么神圣而可怕的，不是吗？

从不孤独

展辉，火地群岛灯塔。

在停泊的前三年，它作为理想乡，让我欢笑，助我茁壮；在启航的后三年，它作为指路灯，予我梦想，伴我远航。

水手界有雅句："海水是同伴，倒影即灯塔。""水手精神伴随驶过风暴角的水手一生。"

我们都是刻着"展辉"精神的船舶。

此处，有梦者奔赴山海，后来者重拾希望，同行者携手共进，远行者有乡可归。一时的艰难不会磋磨历史的荣耀，奋斗的生命终会迎来梦想的展辉。

它绽放在正在实现的梦想中，镌刻在昂扬奋进的时代里，闪烁在即将成熟的未来上。

我是一艘从火地群岛灯塔驶过的船舶，正追溯着前辈们的航线，在灯塔照亮的远方，探索"展辉"的意义。

愿展辉的学子永不孤独！

唐家钰

追梦展辉

时光如梭，转瞬间我们迎来了展辉学校 20 周年校庆。这是一个值得纪念的时刻，也是我们回顾过去、展望未来的时刻。作为一名曾经在展辉学校度过初中和高中时光的学子，我深知母校对我成长的帮助与启迪。现在，让我来分享我在这片青春殿堂中的梦想与成长历程吧。

初中岁月：梦想的萌芽

初入展辉学校，我是一个懵懂的少年，怀揣着无数美好的梦想和向往。展辉学校给了我一个温暖而充满希望的家，老师们言传身教，用心呵护着我们的成长。在这里，我不仅学到了知识，更学会了坚持与努力。每一堂课、每一个活动，都让我对未来充满了憧憬和期待。

初中生活充满了新鲜和活力，每天早晨，当第一缕阳光洒在校园的操场上，我就像一只早起的小鸟，满怀期待地迎接新的一天。在数学课上，老师用生动有趣的教学方式，将抽象的知识变得生动易懂，让我对数学产生了浓厚的兴趣。语文课上，老师讲解古诗词，让我感受到了中华文化的博大精深，激发了我热爱文学的激情。历史课堂上，老师生动地讲述了历史人物的故事，让我明白了历史的重要性和深远影响。每一门学科都给了我新的视野和启发，让我在知识的海洋中尽情畅游。

除了课堂学习，学校还举办了各种丰富多彩的活动，让我们在学习之余放松身心，充实业余生活。每年的校运会都是我们最期待的盛事，同学们穿着统一的校服，挥洒着汗水，奔跑在操场上，彰显着青春的活力与激情。文艺晚会更是展示了同学们的才华与风采，舞蹈、歌唱、小品，每个节目都精彩纷呈，给人留下了深刻的印象。

在展辉学校，老师们不仅是我们的知识传授者，更是我们的朋友和引路人。他们倾听我们的心声，关心我们的成长，给予我们无私的帮助和鼓励。每当我遇到困难和挑战时，老师总是在一旁默默支持着我，指引我前进的方向。他们用自己的言行影响着我们，让我们懂得了做人的道理和处事的智慧。

初中生活是我人生中最珍贵的时光之一，它让我结识了许多朋友，收获了许多回忆，也培养了我坚韧不拔的品质和积极向上的态度。展辉学校，是我人生道路上的第一座里程碑，也是我梦想的起点。在这片美丽的校园里，我度过了青涩而美好的时光，埋下了未来成长的种子。愿我在追梦的道路上不忘初心，勇往直前，用自己的努力和汗水，书写出属于自己的辉煌篇章！

高中岁月：梦想的飞翔

进入高中后，我仿佛踏上了一段全新的征程，心中的梦想也随着岁月的推移而变得更加清晰和坚定。高中生活如同一本厚重的书，每一页都写满了挑战和收获，每一次经历都是一次成长的历练。

高中课业的压力和学习的深度让我感受到了前所未有的挑战，但也激发了我对知识的渴望和追求。老师们在课堂上传授着最前沿的知识和学术思想，引导我们独立思考、勇攀高峰。我在数理化等学科中不断追求进步，努力探索，不断超越自我。虽然学习之路曲折坎坷，但每一次收获的成绩都是对自己努力的肯定，让我更加坚信只要脚踏实地，努力向前，就一定能够迎来成功的曙光。

除了学习，高中生活还充满了各种精彩的活动。学校举办的各种比赛，让我有机会展现自己的才华和能力，在竞争中不断提升自己。参加社团活动更是让我结识了许多志同道合的朋友，共同追求着各自的梦想。

在高中的日子里，老师们更像是我们的导师和引路人，他们给予我们无私的指导和帮助，教导我们如何正确面对挑战，如何勇敢追求梦想。每一次考试失败，每一次迷茫困惑，都能在老师的指引下找到解决的方法和方向。他们言传身教，用自己的行动影响着我们，成为我们人生道路上的指路人。

高中生活如同一次次飞跃的冒险，每一步都充满了不确定性和挑战，但正是这些挑战和经历，让我懂得了坚持与勇敢的意义，让我对未来充满了信心和期待。在高中的岁月里，我不仅收获了知识和技能，更收获了友情和成长。展辉学校是我梦想的摇篮，是我人生的重要阶段，愿我能继续保持初心，勇敢前行，让梦想在未来的岁月里继续飞翔！

母校情怀：梦想的滋养

展辉学校是我人生的一座灯塔，是我梦想的滋养之地。在这里，我度过了青涩的少年时光，也收获了成长的喜悦和感动。愿我永远怀念母校，感恩母校，将母校的教诲铭记在心，继续前行，让梦想在未来的岁月里继续绽放！

易雪晴

回顾展辉岁月

母校，那个承载着我青春梦想与回忆的地方，是我成长的摇篮，也是我灵魂的栖息地。每当回想起在那里度过的日子，心中总会泛起涟漪。2011 年，我踏入了展辉初中的校门，成为初 110 班的一员。那时的我，满怀对未知世界的好奇与期待，开始了我的初中生活。在这里，我遇到了许多志同道合的朋友，我们一起学习，一起成长，度过了人生中最美好的时光。2014 年，我又顺利升入了母校的高中部，成为高 71 班的学生。高中的生活相较于初中更为紧张与充实，但在这里，我收获了更多的知识与经验。老师们的悉心教导，同学们的相互鼓励，都成为我前进的动力。在这六年的时间里，母校见证了我的成长与蜕变。从最初的懵懂少年，到如今的成熟青年，我的每一次进步都离不开母校的培育与关爱。在母校里发生的点点滴滴，无论是成功的喜悦还是失败的挫折，都深深烙印在我的脑海里，成为我人生中最宝贵的财富。母校的影响不仅仅体现在我的学业上，更体现在它对我人生观和价值观的塑造上。在这里，我学会了如何与人相处、如何面对困难、如何坚持自己的梦想。这些宝贵的经验，让我在之后的人生道路上更加从容与坚定。

母校对我最大的影响，无疑是培养了我严谨求索、志存高远的学习习惯。最初的我，对于进入清华这样的顶级学府并未抱有过多的执念，只想着每次考试能把题目多答对一些，把做不出来的题多解出来一些。至于答不出来或解不出来的题目，我也并不太在意，因为我对自己并没有特别高的要求，“反正也不是要考清华”，是当时的我给自己偷懒时找的借口。然而，正是母校的老师们，用他们的智慧和热情，点燃了我心中对知识的渴望和对未来的憧憬。初中的班主任罗亮亮老师，是我学习生涯中的一位重要导师。他敏锐地察觉到了我在学习上的潜力，并时常鼓励我追求更高的目标。他告诉我，学习不仅仅是为了考试，更是为了充实自己，为了在未来能够更好地为社会做出贡献。他的话语深深地触动了我，让我开始意识到，学习应该是一种追求，一种自我超越的过程。进入高中后，我遇到了另一位对我影响深远的老师——班主任肖时柱老师。他同样看到了我的学习潜力，并且对我寄予了更高的期望。他鼓励我不仅要盯着学校的第一名，更要把考上中国最好的学校当作自己的努力目标。在他的鼓励下，我开始有了更明确的学习目标，也开始更加努力地投入到学习中。老师们的鼓励和引导，让我逐渐形成了严谨求索、志存高远的学习习惯。我开始更加注重对知识的深入理解和掌握，而不是仅仅停留在表面。我也开始更加主动地寻求解决问题的方法，而不是轻易放弃。这种学习态度的转变，不仅让我在学业上取得了更好的成绩，也让我在人生道路上更加坚定和自信。

母校不仅为我提供了良好的学习环境，更是为我铺设了一条通往知识殿堂的宽广大道，使我在求知的道路上得以畅行无阻。在这里，我得以沐浴在优质学习资源的海洋中，从初中到高中，每一个阶段都有各科任良师的精心教导，他们如同指路明灯，引领我在各个学科上全面发展，使我的知识体系日渐完善。学校和老师们还为我们提供了丰富多样的课外学习材料，让我在拓展阅读和深入研究中，对知识的理解更加深刻。这些材料如同一把把钥匙，为我打开了通往知识深处的大门，让我能够更深入地探索学科的奥秘。此外，母校还注重培养我们的高阶思维能力和创新精神。老师们深知，学有余力的同学渴望更深层次的学习和挑战，因此他们不辞辛劳地为我们搜集整理深层次学习资料，提供个性化的学习指导。即便当时学校在学科竞赛方面没有深厚的基础，但在老师们的鼓励下，我也有幸参加了省里的学科竞赛，并在老师们的悉心指导和自己的努力下获得了奖项。母校对我的关心和照顾无微不至。作为走读生，我每天都要耗费一定的通勤时间，这不仅影响了我的休息，也分散了我学习的精力。母校了解到这一情况后，为了让我能够更专心、高效率地学习，特地在高三的时候为我提供了校内的单人宿舍。这个温馨的小天地成了我学习的避风港，让我能够全身心地投入到备考中，不再为物质上的阻碍所困扰。在这样良好的学习环境下，我得以专心致志地追求知识，不断提高自己的学习效率，最终在高考中取得了优异的成绩。

除了学习之外，母校在综合素质培养方面所下的功夫，同样让我受益匪浅。初中时期，学校为我们提供了丰富多彩的艺体课程和兴趣社团，让我们在紧张的学习之余，能够充分发挥自己的兴趣爱好，提升综合素质。我至今印象深刻的是当时的武术课和形体课。武术课不仅让我领略到了中华武术的博大精深，更让我体验到了运动带来的激情与活力。在每一次的拳脚之间，我感受到了身心的和谐与平衡，也塑造出了强健的体魄。形体课则让我在优雅的音乐中，感受到了身体的柔韧与力量，培养了我优雅的气质和良好的仪态。母校的运动赛事也是我青春岁月中难以忘怀的一部分。无论是 3 月份的跳长绳比赛，还是 10 月份的学生运动会，我都积极参与其中，尽自己所能为班级争光。在长绳比赛中，我和班级同学们一起，利用课余时间刻苦训练，大家团结协作，共同创造了当时的长绳纪录。那一刻，我感受到了团队的力量，也收获了成功的喜悦。在运动会中，我也常常为班级荣誉出一份力，即使面对不擅长的项目，我也会勇敢地站出来，为班级争取荣誉。有一次运动会，班级中没有人报名跳高比赛，我毅然决然地站了出来。虽然并不擅长这项运动，但经过努力和坚持，我最终居然获得了年级前三的好成绩。这次经历不仅增强了我的体魄，更让我明白了勇气和坚持的重要性。除了运动赛事，母校每年的文艺活动也非常丰富。元旦晚会是每个班级展示才华的舞台，我们班级的小品节目经过精心排练，最终在晚会上获得了巨大成功，赢得了观众的阵阵掌声。这一小品还多次参加学校组织的“三下乡”文艺汇演活动，将我们的才艺展示给了其他观众。这些活动不仅丰富了我的课余生活，也锻炼了我的表演能力和组织协调能力。在母校的培养下，我不仅在学习上取得了优异的成绩，更在综合素质方面得到了全面的提升。我学会了如何与人合作、如何面对挑战、如何坚持不懈。这些经历不仅让我更加成熟自信，也为我未来的发展奠定了坚实的基础。

曾　兴

机缘巧合

进入展辉就读初中，于我而言其实是多重的机缘巧合。

首先，在 2006 年的武冈，私立学校本身就不是常规选项。但我本身小学就毕业于私立学校（邓家铺华康学校），且小学期间经历了很多波折，所以恰恰没有这方面的顾虑。我们村的小学只到二年级，三、四年级我在两个隔壁村的小学就读，2004 年才到邓家铺镇上五年级和六年级。在邓家铺镇，我就读于刚成立 1 年的私立华康学校，而非镇中心小学。这在当时并非常规选择，绝大多数成绩还不错的同学都去了中心小学。今天我已经记不清当时选择华康的原因了，可能是听说私立学校比公立学校管理更严格，或者是华康为了吸引生源给我免了学费，又或许是我有一个表哥已经在华康就读初一。虽然之前我在几个村的小学一直都是班级前三，但初到镇上，来到华康，内心还是非常不自信的，好在我维持住了前三名的成绩，这毫无疑问给了我和家人对私立学校的信心，也极大地减小了后来我初高中继续在私立学校上学的阻力（周围始终会有各种“见多识广”的亲戚建议我去公立学校读书）。

如果说选择私立学校就读还只是个人选择之一，那报考展辉这件事情本身，就更是充满了巧合，甚至今天的我依然有些感谢命运的安排。小学毕业后，我其实并没有下一步的就学规划。我爸妈在广东打工，爷爷奶奶对此也毫无了解，如果没有意外的话，我可能就拿着奖学金继续在镇里上中学了。但那个暑假的某一天，我忽然决定去找某些镇上的同学玩耍（那是没有手机和 QQ 的年代，所以其实都不存在随时联系约定，我现在也记不清我是出于什么样的原因去找他们玩儿了），恰巧其中一位同学的妈妈也在，说中学应该去县里上，而不是窝在镇里，镇里的成绩在县里不代表什么，镇里的教学质量也远远比不上县里。她还列举了展辉（那时候还叫云台）和一中、二中几种选择，说她已经给我那位同学报名了展辉的招生考试，认为展辉和华康一样，作为私立学校会比公立学校管理得更严格，有更好更先进的硬件和管理经验。我至今记得听到这个消息后的震惊，因为当时的我甚至都不知道读初中还需要去县里的学校额外进行招生考试，更何况是选哪个学校。今天我依然非常感激那位同学的妈妈，事后回头来看，如果没有她告知的这些情况和建议，我很可能不会去县里上学，那最终我肯定考不上清华，甚至可能都考不上大学。有时候某些不经意的事情，恰恰可能就是人生的关键几步之一。我很快跟家里人沟通，下定了决心必须去县里上中学，而且要去展辉上中学（很难说背后没有从众心理）。我至今还记得，当时光是报名考试都充满了波折——我们不会说普通话，也不会说武冈话，又担心说邓家铺话人家听不懂，所以还特意找了在武冈工作过、“见多识广”、能听懂武冈话的村里人帮忙打电话，这才报上了名。而且当时的我从没去过武冈县城，爷爷奶奶更是没出过远门，所以如何到武冈考试也是一个问题。后来，商议的结果是，12 岁的我自己搭乘两个小时的公交车先到武冈城里，然后让在文坪煤矿工作的姑父在城里接到我之后，再带我去参加考试。现在回想起来，那次也算是我第一次单独“出远门”了。

人生总是充满了意外，本来以我平时镇里前十的成绩，以为这次考试不过是走个过场，然而考试结果出来后，我的成绩并不理想。这次考试只考语文和数学两门课程，满分 200 分，考完之后我自信满满地认为自己考 180 分毫无问题，然而我只考了 162 分，离展辉重点班 170 分的录取线相差甚远，比普通班 160 分的录取线也只高了 2 分，几乎就在落榜的边缘。那时候普通班比重点班每个学期需要多交 800 元学费，这是我爸妈一个月的工资。虽然我爸妈没说什么，只说毫无条件地支持我求学，但这件事情给我造成了非常大的压力，经济压力固然是一部分，更重要的是，那是我第一次真正地看到了更广阔的世界。在邓家铺镇的好成绩，只是“山中无老虎，猴子称霸王”，县里才是真正的藏龙卧虎，来县里才能真正地与群雄共舞（也许今天来看，会觉得一个县里的竞争也没什么，但对当时的我来说，武冈已经是我能接触到的最大世界了）。其实，后来我才知道，以我小学毕业升学考试的成绩是可以直接入学二中重点班的，但因为信息的闭塞以及邮递信息的落后，我家里当时并没有收到这份“传说中的录取通知”，否则有可能出于经济压力的原因，家里人会让我直接就读二中，这又是另一种“机缘巧合”了。

不论如何，2006 年 8 月，我人生第一次离开了邓家铺镇，来到了武冈县城，进入展辉初中部，就读于初 34 班，开始了改变我人生的旅程。

袁　峰

展辉学校与我共追梦

回首在展辉学校的那些年，我仿佛还能听见每个清晨的读书声，感受到午后阳光透过窗户洒在书页上的温暖。作为湖南省邵阳市武冈市的一所学府，展辉学校不仅是我学习知识的地方，更是我梦想起航的港湾。在那里，我从一名好奇的理科学生成长为一位进入清华大学深造的校友。这一切，都离不开母校深厚的文化底蕴和卓越的教育环境。

植根于文化与传统的育人环境

展辉学校不仅仅是一所学校，它是一片充满生机和智慧的沃土。学校坐落在历史悠久的邵阳市武冈市，这个城市以其丰富的文化遗产和深厚的教育传统闻名，为学校的文化氛围和教育理念提供了独特的背景。校园周围的自然景观和古老建筑彰显了地方的历史底蕴，这种独有的环境让每一个在这里学习的学生都能深刻感受到传统教育与现代教育的完美融合。

校园的设计巧妙地融入了周围的自然元素，四季变换带来的美景如同艺术画作一般，不仅美化了校园环境，也成为我们学习旅程中的静谧背景。春季，校园里桃花盛开，粉白的花瓣在蓝天的映衬下格外耀眼，营造出一种生机勃勃的学习氛围。而到了秋季，金黄色的银杏叶覆盖了校园的每一个角落，脚步声伴随着落叶的沙沙声，构成了一曲秋天的交响乐。

展辉学校的教育不仅是课堂上的知识传授，更重视学生品格和情感的培养。在这里，每一个学生都被鼓励去追求他们的梦想和热情，学校像一个温暖的大家庭，支持和理解每一个成员。教师们不仅是知识的传递者，更是学生人生道路上的引路人。这样的教育环境让学生在追求学术卓越的同时，也能学会如何成为一个有责任感和同情心的人。

赋予知识与灵魂的教育哲学

在展辉学校的岁月中，我深受其“授人以鱼不如授人以渔”的教育哲学影响。这里的教育不仅仅关注学科知识的传授，更注重培养我们的批判性思维、创新能力与道德判断力。

段老师，作为展辉学校的数学教师，以其独特而深入的教学方法赢得了学生们的尊敬和爱戴。在他的课堂上，数学不再是冰冷的公式和漫长的计算，而是变成了一场探索思维边界的冒险。段老师特别注重在教学中引入数学的思想和逻辑推理，使学生们能够不仅仅停留在求解问题的表面，而是深入问题的核心。

他的教学充满了启发和挑战。例如，他会用一些实际问题来说明数学模型的建立过程，如何从复杂的现实问题中抽象出数学问题，再利用数学工具解决问题。这种方法让学生们看到了数学与现实世界的直接联系，增强了学习的实用性和趣味性。在处理数学问题时，段老师经常引导我们思考：“这个公式从何而来？它背后的数学原理是什么？有没有更优的解决方案？”这样的问题引导我们从根本上理解数学知识，而不是简单的记忆和应用。

段老师的课堂氛围是开放和互动的，他鼓励学生提出问题和提供解决方案，将教室变成了一个真正的思想交流场所。通过这种方式，他不仅提升了学生们的数学解题能力，更重要的是培养了他们的批判性思维和创新能力，使他们在未来的学术和职业生涯中都能以更加独立和创新的方式思考和解决问题。

这种深远的教育影响，使段老师在学生心中留下了不可磨灭的印记。

师生情谊的桥梁

在展辉学校，师生之间的关系远超过了传统的教学角色。我的语文老师曾老师不仅在课堂上是我们的老师，更在生活中成为我们的导师和朋友。高二那年准备自主招生考试，曾老师利用自己的课余时间，为我提供了一对一的辅导，这种支持远远超出了普通教师职责的范围。从自主招生的材料填报开始，曾老师就非常细致地引导我如何挖掘和展示自己的亮点。他不仅帮助我梳理过去的学术成就和课外活动，还教我如何将这些经历有效地转化为申请材料中的亮点。曾老师的辅导不仅限于文书的写作，更涵盖了面试技巧的训练。他根据我个人的特点和所申请学校的特色，为我量身定制了一系列的模拟面试题目，从而让我在真正的面试中能够更加自信和从容。

更重要的是，曾老师在这个过程中始终强调自我认知和真实展示的重要性。他常说："让招生官看到的是最真实的你，而不是一个制造出来的形象。"这些话深深影响了我，使我在填写申请材料和面试时始终保持真诚和自信。曾老师的这种教育方式，不仅帮助我在自主招生考试中取得了优异的成绩，更在我心中种下了诚实与自信的种子，这对我的整个人生都产生了深远的影响。

曾老师的这种教育方式不仅是知识的传递，更是在生活智慧和人生态度上的启迪。通过与他的交流和学习，我逐渐学会了如何面对挑战和压力，如何在复杂的生活和学习情境中找到自己的定位。这样的经历使我更加珍惜在展辉学校与曾老师之间的那份深厚的师生情谊，也让我明白了教育的真正意义远远超出了课本知识的范畴，它更关乎于指导一个人如何认识自己，如何准备迎接未来的挑战。

校园活动的归属感

展辉学校鼓励学生全面发展，因此，我加入了合唱队。这不仅丰富了我的校园生活，也帮助我建立了跨年级、跨班级的友谊。合唱队是一个多元化的集体，汇聚了来自不同年级和班级的学生。在这个集体中，我不仅学习了音乐知识和合唱技巧，更重要的是，我学会了如何与不同背景的同学合作，共同完成音乐作品的演绎。通过每天的练习和周末的排练，我与队友们建立了深厚的友谊，这种跨年级、跨班级的友情为我打开了新世界的大门，让我体验到了团队合作的力量和乐趣。

更重要的是，合唱队的经历教会了我如何在压力下保持冷静，如何在失败面前坚持不懈。例如，在比赛的前一天，我们的独唱生病了，整个团队都处于紧张的气氛中。然而，通过紧急调整和彼此之间的支持，我们不仅成功地完成了表演，还获得了嘉奖。这次经历让我明白了团结协作的重要性，并且让我学会了在面对不确定性和挑战时如何寻找解决方案。

总的来说，加入展辉学校的合唱队是我学生生活中最宝贵的经历之一。它不仅提升了我的艺术素养，更重要的是，它教会了我如何团队协作、如何适应变化和面对各种挑战。这些经历和技能将伴随我一生，无论未来我将走向何方。

结语

在展辉学校的那些日子里，我不仅学到了知识，更学会了如何为人处世和追求梦想。母校的环境、师资和教育理念，为我日后的学术旅程和人生道路提供了坚实的基础。我深知，无论未来走向何方，展辉学校的影响将永远伴随着我。在此，我想对母校表达最深的感激之情，感谢她为我和无数像我一样的学子提供了一个实现梦想的舞台。

通过回顾母校的学习、生活和成长经历，我更加珍惜那些塑造了今天的我的宝贵时光。希望通过我的故事，激励更多展辉学子在未来的道路上，也能让自己的生命光芒四射、梦想生辉！

林小文

我从何而来

我很感激有这个机会，能够在母校成立20周年之际向母校和学弟学妹们分享我成长路上的收获和感悟。刚好我也处在本科毕业的转折点，借这个机会我可以好好整理过去，知道我从何而来，也就能更坚定地奔赴下一站。

回顾我二十多年的成长，我知道自己已经走了很远。我是农村孩子，对我来说这一路走来教育的力量是无穷的；我也是留守儿童，父母不常在身边，严格来说也谈不上对我学习、人生发展等提供过教导，所以我受的教育，绝大多数是在学校完成的。教育带给了我什么？到了一个新阶段，我会这样问自己；看到同龄人多样的发展，我也会问自己；进入大学，学习了关于阶级、家庭、社会分层与流动的概念，我更会时时问自己。我读了最近很流行的一本书《你当像鸟飞往你的山》，对作者的经历产生了很深的共鸣。我想，我们都应该掌握自己的人生，而对于在起跑线上就落后的你我来说，教育让我们看到另一种人生的可能性，也赋予我们改变的能力和勇气。

我小学六年都是在村里和乡镇学校上的。如果说有什么特别，那就是我确实比大多数同龄人聪明一点儿，对学习也更上心。这两点确实是我在进学校之前就具备的特质，直到现在我还会被家里人打趣，说刚上一年级那会儿，我每天哭着闹着不肯上学，因为怕课文背不出被老师留堂，被老师打。直到爷爷奶奶千保证万保证，老师罚我有警察叔叔管，我才安安心心去上学。结果这一上学才发现，我"是个读书的料子"，老师才教了几课，我一口气就背下了大半本书的课文。我把这件事当笑话听，但也会想，可能就是这种有些天赋又极服从甚至畏惧管教的"好学生"特质，在很大程度上影响了我从小学直到大学的学习生涯。

但是，如果我一直只是这样一个畏畏缩缩的好学生，那就和展辉无缘，更别说清华了。说起来很感谢我的父母，在小升初的节点没有随进公立学校的大流，而是抱着通过课改锻炼我胆识和口才的想法坚持把我送进了展辉。我知道他们选择的最主要动机是改变我当时内向胆小的性格，这一点在当时乃至现在我都不理解。但他们愿意为此负担私立学校的学费，这就值得我感恩。从结果来看，他们的心愿超额实现了，这也可以说是我整个中学时期幸运的开始。

如果说展辉六年的教育带给了我什么，那我的回答可以更具体一些。自我感觉，初中阶段我最大的成长在性格，高中阶段我的蜕变则在发展，发展的方向，发展的平台。

我从小确实非常内向，这种内向最大的缺点是在长辈面前、在大场面里不敢表现。展辉在这方面给我的锻炼，一是即使现在来说也非常前卫创新的课改，二是我初中三年担任班长的经历。当然，从一个不爱、不敢表现自己的人，到可以落落大方接受他人视线和关注的人，这个成长的过程是难免痛苦的。乃至到中学毕业，自我反思的时候我也会认为，这种变化是违背我本性的，是我忍痛对自身个性的修剪。当然也是到大学我才知道，这种分享是必要的，也是自然的，它是让别人了解我所思所想最直接有效的方法，而别人对我分享的评价和我自身的优劣无关，只需要把它看作平等的交流。只是那时候的我不知道。实际上，在进入展辉之前，我被家人推搡着、被老师架着，或多或少经历了一些被关注、需要展示自己的场合，然而其他人的评价只是加剧了我对这件事的恐惧。我在展辉之所以能顺利转变并保持着健康乐观的心态，是因为我在展辉得到的机会足够多，更是因为我遇到了足够优秀和包容我的人。

不可否认的是，所有这一切的起点是我成绩优秀。因为入学考试是第一名，我被班主任段世军老师注意到了，了解到我之前有过担任班干部的经历后，段老师任命我为副班长，同时也是他教的科目数学的课代表。课代表有课堂引入和总结的职责，还记得第一节需要同学展示的数学课，我的引入非常简单且蹩脚，“那就请 ×× 组的同学来展示他们的劳动成果吧”，应该就是这么一句话。讲台比教室地面要高，在讲桌后面接受全班同学的目光让我手足无措，只能逃避和台下老师同学的眼神对视。当然课程进行得很顺利，同学们或新奇或紧张，段老师站在教室后面，眼神慈爱并且透露出运筹帷幄的气质，所以我下台之后反而安心不少。我们在初一下学期重新分班，在此之前，我可以说非常平和地过渡到了身兼多职的角色，因为段老师一直稳稳地担着班级管理和课堂教学的大梁，交给我们的是只要用心就能好好完成的任务。

初一下学期分班是我又一大幸运的开始，说起来还是有点乌龙。据我分班后的班主任林睦会老师（以下称“老林”）说，我本来被分到兄弟班级，但老林班上一名同学因为一些原因需要换班，他就跟另一位班主任商量，把我换了过来。在老林班上，我本来只是一个闲散的班干部，只是原定的班长杨颖同学同时在学生会，因为担心她精力不够，以学委朱宸慧同学（以下称“卷毛”，因为她的头发是自然卷）为首的班委们一合计，推举毫无经验的我做班长，并对我表示充分的信任。对当时可怜的我来说，这是一项极其艰巨的任务：一方面因为老林把很多班级事务全权交给班委们管理，作为班长有很多职责；另一方面是我整个小学阶段虽然也被冠以诸如“班长”的头衔，但绝大多数时候只是一个受老师们关注的吉祥物而已。所以，缺乏经验、羞于向他人承认和请教，同时又实在害怕责罚的我干了很多蠢事。印象最深的是我需要在寄宿生出早操的时候点名，向班主任汇报出勤情况。好一段时间，我不认识班里的同学，不知道要怎么开展这项工作。怎么办呢？我每天直接对老林说“到齐了”。直到有一天老林问我，班上一名同学因为身体原因不能出早操，我知不知道，我顿时哑口无言。也许主要是因为这一件事，也许还有其他什么事，那段时间我一定是相当窘迫的，只等“炸雷”的那一刻，如果那时我被全盘否定、直接定性，可能就会“万劫不复”。老林当时肯定批评了我，也肯定没有否定我，否则我的人生可能就是另一个故事了。他对我更多的是循循善诱，“在其位，谋其政”是那个时候他告诉我的。我小学时期也有一位特别喜欢的班主任，毕业的时候我请他在我的毕业册上寄语，里面有一句话“不想当将军的士兵不是好士兵”，直到老林训诫过我，我还是没有真正明白两位老师的意思，但我把这两句话放在一起，常常想起，隐约明白这两句话指向同一个答案。

感谢老林，在那之后还是给予我许许多多的机会和全部的信任；也要实名感谢卷毛，初中三年，我一直担任班长，她一直是班委，用老林的话说，我们培养出了深厚的革命友谊。我知道，我担班长之名，很多时候是她行班长之责。顺便插播一下，卷毛高中文理分科坚持选择了理科，考入山东大学，从软件相关专业成功转到喜欢的物理学专业，如今已经考上了中国科技大学的研究生，继续在物理学方面深造，是学弟学妹们应该多多交流和学习的优秀学姐。我一直有自知之明，我的管理能力实在有限，是在我们一众班委齐心协力的努力和老林的大力支持下，我们班在三个兄弟班中一直很突出，堪称文武全能，人才辈出。初中毕业，老林对我说，我已经蜕变成了一个让老师引以为傲的人。高中毕业后学校采访我，我说展辉六年的学习生活让我更加自信从容，我的自信很大一部分来源于初中担任班委时得到的锻炼。

高中时期我继续担任班长，同时也进一步挑战自我，竞选入学生会纪检部，被选为高中部第一届社团联合会主席，更是在学校组织的大小活动上发言、主持。也有印象深刻的事，比如学校举行的“学习之星”竞选活动，头两届我都参选了，但其实第一次参选我搞砸了，在台上紧张到忘词，所以第二次大家推举我去，我其实有些抗拒。但当时老师同学们都在帮我，有文采好的同学和我一起改稿，熟悉电脑操作的杨颖同学帮我做幻灯片——整个中学阶段这种工作我都仰仗着她。竞选刚好遇上月考，学习紧张，我在比较有限的时间里疯狂背稿子，神奇的是当我第二次站上台，说完开场白之后就一点也不紧张了，那是我第一次在上百人的视线里自在地展示。之后我也养成了逢大场面必精心准备，且只要精心准备就不会紧张的好习惯。不过相比于初中阶段，高中生活更忙碌，也更单调，因为学习、高考是挤占掉我们几乎所有时间和精力的头等大事，而我高中时期最主要的成长也离不开它。

高中时期我的蜕变在于发展，发展的方向，发展的平台，对应的两件大事，一是文理选科，一是高考。只是在总结这一阶段的时候，我的心情相对来说更加沉重，很多东西我是后知后觉。在这两件事上我的特别，想来想去也只有幸运可以概括。不可否认的是，文理分科的时候确实有“重理轻文”的传统，具体表现为凡成绩突出的尖子生必优先选理科，哪怕文理科成绩都平平，如果不是实在没有学理科的慧根，或者实在厌烦文科大量的记背工作，也会优先选理科。很久之后我才意识到，当时顶着阻力坚持学文的我，算得上标新立异，离经叛道。

文理分科之前，我的成绩没有中学时期突出，但客观来说也算很好。我当时的班主任肖时柱老师力劝我学理，他刚刚带出易雪晴和刘雨欣两位清华学姐，希望我能和其他几位尖子生一起，良性竞争，也冲刺清华。我极力拒绝的理由现在想来非常幼稚，我说自己对文言文很感兴趣，将来想从事这方面的研究。这确实是实情，也是支撑我选择的很大一部分因素；还有一部分原因，我当时甚至没有想明白，也没有说出口，就是我认为自己没有学好理科的天赋——当时我只是觉得自己实在没有同班两位尖子生吴子祎和张熙同学轻松破解难题的能力和熬夜刷题的兴趣，到高中后期我在数学上苦苦挣扎，直至大学学习高数的力不从心，我知道自己当时基于自知之明做出了正确的选择。我选择文科的举动也得到了重要的支持，部分来自我高中三年的班主任刘小海老师（以下称“小海老师”），他对我的帮助不仅在分科上，更在我高中三年的学习和对清北机会的争取上；部分来自我高中三年的语文老师刘小明老师（以下称“小明老师”），他告诉我们“选我所爱，爱我所选”，这句话在文理分科乃至之后很多个重要选择的节点支撑了我；部分还在卷毛，分科前我们在隔壁班级，借班长的职责之便在走廊碰头，她表达了自己选择理科的意向，并且支持我对我说：“我觉得你就应该学文科呀。”这句话对我的选择影响很大，可惜事后我再提起，当事人表示已经不记得了。

文理分科之后就是看似没有尽头的学习。说到这我是有遗憾的，因为高三一年，我的心态没有调整好，直到高考我也没有学会怎么合理地看待高考，怎么良性地处理和同学在分数上的竞争。大学时期我有过五六次支教经历，也是在这个过程中，我逐渐意识到高考应该在我们的人生中处于什么位置、占有多大分量。高考并非目的，它只是人生的一个阶段，不会也不应是学习的终点。只是我们要思考清楚：我们要追寻怎样的人生？这是比如何对待高考更远大、更渺茫的问题。所以，以高考为目的，是短视，是逃避，但也是妥协，是短期内的最优解。

我非常感激的是，在我陷入低谷的那一大段时间里，我接收到的是各科老师的善意和鼓励。我喜欢语文，但语文成绩一直平平无奇，小明老师很早就指点我要分类型刷题，我坚持了很久，学习语文是我高三难得的平静和乐趣；我有限的数学天赋在高三彻底暴露，数学刘建球老师前期给了我很多复习资料，后期也一直鼓励我、建议我多看错题，稳住了我的心态；英语邓集光老师叮嘱我练好“衡水字体”，钻研作文的遣词造句，争取突破；小海老师多次提醒我跟薄弱学科的老师多交流、多请教；我的历史成绩原本不突出，选择题经常一错一大片，按照吴建章老师说的方法画时间轴整理知识点之后成绩有了点提升，吴老师就一直鼓励、夸奖我，给了我很大信心，也让我把历史发展成了相对优势的学科；高三后期我地理知识点掌握不牢、刷题太少的问题暴露出来，那段时间课间同学们经常围着程小春老师请教问题，他一直不厌其烦地为我们解答。

高中时期很多学习的细节我记不清了，好像有一个自动屏蔽痛苦回忆的机制，也可能是因为日复一日，每天都以相似的方式度过，重合在一起反而缺少亮点，但其中也有不一样的插曲。高二暑假，小海老师递给我“状元房”的钥匙，也就是我可以一个人住一间宿舍，没有熄灯、禁止使用电器的限制，小海老师也默许我使用手机。当然事到如今我说出来终于不怕挨打了，很多次早上六点出操，我都是一副快要猝死的样子，可能还有点卷到同学们，其实不是因为我熬夜奋笔疾书，而是因为熬夜玩手机了。高三还有一件可以让我忙里偷闲的事情，那就是准备清北各项计划的申请材料。当时我对这些其实都没有什么概念，毕业之后才发现几乎所有项目我都申请过：清华的冬令营、自强计划；北大的博雅计划，还有强基计划。最后，我争取到一个清华自强计划的申请名额，在运气的加持下，我通过了初筛，通过笔试、面试之后获得了40分的降分，最终被清华大学录取。这个过程是我进入大学之后才回过头认真审视的，我总是觉得惶恐和愧疚。我不敢说我比所有没能进入县城中学、没能接触相对优质教育资源的同学聪明，更不敢保证我比所有同窗苦读三年的同学勤奋，只是学校和所有老师的心血，倾力托举出我，我是何其幸运。

刘雨欣

写给展辉

时光飞逝，转眼间我已经离开母校七年了。这些年里，我经历了无数的挑战与考验，但无论我身在何处，心中那份对母校的深情与怀念始终未曾淡化。展辉不仅是我求学的地方，更是我人生价值观形成的摇篮，而我也即将带着展辉和清华培养的意志与能力进入社会，为祖国的建设添砖加瓦。在此我想用一些文字来记录展辉对我的意义，以此庆祝母校的20周年校庆。

若要为母校对我的影响选择一个最恰当的比喻，我想，莫不过铁铺之于神兵，酒坊之于佳酿，瓷窑之于瓷器。十二岁那年，我初入展辉，如同一块粗有形状的素坯，未经雕琢上色，内心充满了对知识的渴望和对未来的憧憬。而在接下来六年的中学生活里，母校用她独特的教育方式，为我打磨棱角、施釉上色。在母校的熏陶下，我经历了真金火炼的考验，逐渐成长为鲜艳而独特的艺术品。对我而言，母校的影响主要体现在三个方面：一是让我完成了发现自我、追求自我的过程，明确了自己的人生目标；二是塑造了我的性格与能力，让我学会了如何与人相处，如何面对困难与挑战；三是培养了我全面发展的综合素质，让我在德智体美劳方面都有了一定的发展和进步。

2011 年，我通过小升初考试进入展辉初 109 班，开始了自己求知的旅程。班级里的大多数人从小就被家长寄予了厚望，希望我们能好好学习，日后能够考入清华、北大这样的顶尖学府。在这种望子成龙、望女成凤的外在压力下，学习成了我们大多数人的主要动力。由于年纪还小，我对很多事情的理解尚浅，大多数时间里，我像一台没有自我思考能力的学习机器，只是机械地遵循老师和课本的指示。入学时我的成绩大约只在班级中游水平，总体而言是一个只会被动学习的文静小女生，最大的梦想是考进年级前一百名拿奖学金。然而，我的学习观念在一次偶然的机会中发生了改变。班主任潘丹老师在一次班会上播放了一部耶鲁大学的招生宣传片。虽然影片内容对于大多数人来说可能只是展示了普通的大学生活，但片中所展示的高等学府的自由和开放氛围，以及学生们流露出的自信和热情，对我这个在小县城长大的孩子产生了极大的冲击，这种感觉仿佛是李鸿章第一次见到纽约的惊讶。影片结束后，我和许多同学一样，在内心深处种下了向往高等学府的种子。从那以后，追求优异的学习成绩并考入一所好的大学，不再仅仅是为了满足外界的期望，而是成为一种从内心生长出来的原生动力，这一内在动力也随着时间的推移，在各位老师的悉心教导下逐渐加强。进入初二和初三后，学校开始在我们班试行学习小组制度，增强了班级的自主学习氛围。这一制度通过小组间的互助与竞争，促使班级形成了共同进步的氛围。在这种环境中，我们不仅是在学习知识，更是通过与同学的互动和交流，逐渐发现自我，探索学习的更深层次意义。通过与老师的交谈、同学的讨论以及在学校图书馆的阅读，我逐渐意识到我的梦想是成为一名科学家。为此，我需要进入顶尖的大学，获得最优质的科研环境，这使得我在中学阶段的学习显得尤为重要。高中阶段，我最初的目标是中国科学技术大学，但随着学习的深入和成绩的提高，我的班主任肖时柱老师通过与我进行多次深入的沟通，让我看到了我考入清华大学的可能性。在他的鼓励和指导下，我将目标重新定位为清华大学，并为此付出了更多的努力。最终，我成功考入了心仪的大学。自此，我在展辉的自我探索之旅完成了闭环，从追求考年级前一百名到追求考清华，迈出了成为一名科学家的重要一步。这段发现自我、追求自我的旅程对我的一生至关重要，尽管之后我可能不一定会成为科学家，但这些经历确实塑造了一个更好的我。

在展辉度过的六年时间里，我经历了从稚嫩到成熟的转变，不仅仅有年龄的增长，更有着心态和认知的深刻变化。母校塑造了我的性格、世界观、人生观和价值观，也培养了我为人处世的能力。我对世界的理解、对人生的思考、对价值的认同，正是在展辉的这六年间，在老师们润物细无声的教育中建立起来的。他们不仅在思想品德课上传授普世价值观，更在日常的教学中，在每一次的班会课、讨论课中，通过言传身教，分享自己的人生感悟，让我看到了世界的真善美。学校还举办过多次励志演讲活动，从学校层面为学生树立正确的思想观念。我有幸担任过一位残障嘉宾的助手，她的坚强和乐观让我深受触动，也让我下定决心要向她学习，不论遇到什么困难都不轻言放弃。而平时的校园义务劳动、爱心义卖、敬老院关怀访问等活动，让我逐步认识到自己作为社会一员的责任和担当。这些活动不仅让我学会了关心他人，更让我明白了社会的温暖和互助精神。除此之外，展辉也培养了我的抗压能力、为人处世能力与合作共赢的能力。在我就读的时候，除了高三那一年，其余每年都要进行军训，通过三到四天的训练增强我们的毅力与抗压能力。课堂内外的各种实践活动和小组合作，也锻炼了我与人沟通协作的能力。特别是在当时设立的学习小组，小组成员不仅在课内学习上取长补短，也通过分工合作的方式，每个人分别去找一些课外的学习资料，通过合作的方式共同学习。这些经历让我逐渐成长为一个自立自强的人，也让我变得更加成熟、更加自信。

最后，我要真挚地感谢母校，在整个中学阶段给了我们提升综合素质的机会，让我在进入大学之后，能够有能力且自由地去探索自己在各个方面发展的边界。初中时，在班主任老师和语文老师的鼓励下，我和同学们主办了一本班级刊物，用于刊登大家的优秀作文以及平时的一些文章。它成为我们展示才华、交流思想的舞台。从最初的手写稿件到后来的排版印刷文件，每一个环节都凝聚了我们的心血和智慧。这个过程不仅提升了我的文学写作能力，更培养了我的艺术鉴赏能力、技术操作能力和团队协作能力。我还积极参与了校内的艺体活动，多次在元旦晚会上表演。这些活动不仅丰富了我的课余生活，也锻炼了我的舞台表现力和自信心。我的体魄的改变，也得益于在学校得到的锻炼。尤其是初三那一年，为了应对体育中考，学校特意增加了我们的锻炼时间，并进行了有针对性的身体素质训练。每天跑步两千米，每周固定训练实心球和跳远，这些看似艰苦的训练，都为我打下了坚实的身体基础。进入“清华体校”后，我能够轻松应对各种体育训练，从未因体育成绩而拖后腿。这些宝贵的经历不仅让我在中学阶段收获了成长与快乐，更为我的大学生活增添了丰富的色彩。在中学里培养的素质让我能够自信地参与各种活动，无论是在学术竞赛还是文艺演出中，我都能够游刃有余地展现自己。

肖尊球

忆展辉岁月，感母校恩泽

十五年前，我怀着激动而期待的心情，踏进了展辉学校的校门。那时的我，年少无知，对未来充满了向往和憧憬，展辉成了我人生中重要的一页。如今，回首往事，展辉的点点滴滴仍历历在目，那是我心中永远的家园。

在展辉的学习之旅是我人生中最珍贵的经历之一。学校注重学生的全面发展，不仅注重学习成绩，更注重品德修养和思想道德的培养。让我印象尤为深刻的是，学校要求全体师生无论是在课堂还是在平常生活中，都必须讲普通话，这对于第一次到城里读书的我是一种莫大的帮助，因为口音问题，我很难快速理解城里方言的意思。此外，展辉也极为关注学生们的纪律和礼貌，初中的时候，我们是统一整队，列队走向食堂就餐，途中遇到老师都需要大声喊“老师好”，这些细小礼节的培养使我们养成了有纪律、讲礼貌的好习惯。展辉的老师们以身作则，言传身教，用自己的实际行动影响着我们。他们耐心教导，细心指导，让我受益匪浅。不仅使我掌握了扎实的知识，更培养了我独立思考和解决问题的能力。学校的课程设置既注重基础知识的夯实，又兼顾学生拓宽视野的需求。老师们以深厚的学识和丰富的教学经验，将复杂的知识点以深入浅出的方式传授给我们。我特别喜欢那些富有启发性的课堂讨论，每一次思维的碰撞都能激发我新的思考火花。在展辉学校，我不仅学到了各门学科的知识，更重要的是学会了如何学习、如何思考。我学会了制定合理的学习计划，明确目标，分步骤地去实现。我学会了与同学们合作学习，互相交流心得，共同进步。每当遇到困难和挫折，我学会了保持冷静和乐观，积极寻找解决问题的方法。展辉学校的学习氛围也是我所珍视的。这里充满了积极向上的精神风貌和严谨求实的学风。同学们之间的竞争是友好的、良性的，大家都在互相激励中不断成长。老师们也给予我们充分的关心和指导，他们的教诲如同明灯，照亮了我前进的道路。

展辉学校，不仅是我求知的殿堂，更是我生活的温馨家园。在这里，我度过了充实而精彩的中学时光，留下了难以忘怀的美好回忆。学校的宿舍生活充满了家的温馨。每当我走进宿舍，都能感受到那种熟悉而亲切的氛围。室友们如同家人一般，我们共同分享着生活的点滴，无论是喜怒哀乐都会倾诉给对方。在宿舍里，我们一起学习、一起聊天、一起度过了一个个难忘的夜晚。食堂则是我们每天必去的地方。那里的饭菜种类虽然不多，但也能满足我们挑剔的味蕾，最让人难忘的就是辣椒炒肉，我们经常戏称它是辣椒炒辣椒。有时候，我们还会相约一起去校外的小吃街品尝美食，享受那份属于青春的味觉盛宴。除了宿舍和食堂，展辉的校园也是我生活的重要组成部分。校园内绿树成荫，花香四溢，每一处都散发着生机与活力。课余时间，我喜欢在校园里漫步，欣赏那些美丽的风景。此外，展辉还为我们提供了丰富多彩的校园活动。每年的运动会、文艺表演等都是我们展示自我、锻炼能力的舞台。展辉的生活是多彩的、充实的、温馨的。在这里，我感受到了家的温暖和关爱，也收获了成长和进步。感谢展辉为我提供了如此美好的生活环境和条件，让我能够在这里快乐地学习、健康地成长。未来，无论我走到哪里，这段美好的中学生活都将是我心中最珍贵的回忆。

在展辉的日子，师生之间的情谊如同一条情感的纽带，将我们紧紧相连。

在展辉遇见的每一个老师和同学都是我人生路上最宝贵的财富之一。在这里，每一位老师都是我们的引路人，他们不仅传授知识，更用他们的关爱和教诲，温暖着我们的心灵。我至今清晰地记得，刚从镇小学升入展辉初中时，面对陌生的环境和挑战，我有点不太适应。是老师们给予我鼓励和帮助，让我能够快速度过这段适应期和迷茫期，在此之后我的成绩稳步前进，还拿到了学校的奖学金。每当我在遇到困难或挫折时，他们总是第一时间来到我身边，倾听我的困难，热情地给予我帮助，让我能够勇敢地面对并克服它们，在学海里自由遨游。在展辉，老师们的教诲如同春雨般滋润着我们的心田。他们不仅关心我们的学习成绩，更关注我们每一天的成长和进步。他们用自己的言行和品格，为我们树立了榜样，让我们学会了如何做人、如何处事。除了学习上的指导，老师们还关心我们的生活和情感。他们时常与我们聊天，了解我们的想法和感受，给予我们关心并提出建议。在他们的陪伴下，我们感受到了家的温暖和关爱，也学会了如何与他人建立良好的人际关系。在展辉，师生之间的情谊是深厚的、真挚的。我们尊敬老师、感恩老师，老师也爱护我们、关心我们。这种情谊不仅存在于课堂上，更延伸到课外、延伸到生活中。我们一起度过了许多难忘的时光，留下了许多美好的回忆。如今，我已经离开了展辉学校，但师生之间的情谊却永远铭刻在我的心中。我会永远怀念那些在展辉的日子，怀念那些与我共同成长的老师和同学们。感谢他们给予我的关爱和教诲，让我能够成为一个更好的人。

展辉，这片曾经孕育我成长、启迪我智慧的沃土，已成为我人生道路的明灯，照亮我前行的道路。每当回首那些青春岁月，我的心中都充满了对展辉无比的赞美和感恩之情。我怀念展辉的学习与生活，怀念展辉的师生情谊，怀念那些与老师、同学们相处的时光，这些是我人生中最珍贵的回忆。老师们的悉心教导、同学们的相互扶持，让我在成长的道路上不再孤单。那些一起奋斗、一起欢笑的日子，已经成为我心中最温暖的记忆。每当夜深人静时，我都会想起那些熟悉的身影和面孔，心中涌起无尽的思念与感慨。我感恩展辉给予我的一切，是它让我找到了人生的方向和目标。在展辉的熏陶下，我树立了崇高的人生志向，追求着属于自己的理想。我深知，没有展辉的培养和教诲，就没有我今天的成就和进步。因此，我将永远感恩展辉，用实际行动回报母校的栽培。在未来的日子里，无论我走到哪里，无论我遇到什么困难和挑战，我都会铭记展辉的精神和教诲，坚定信念、勇往直前。我相信，在展辉的激励下，我能够不断超越自我、实现人生价值。愿展辉的明天更加辉煌灿烂，愿更多的学子在展辉的照耀下茁壮成长、实现梦想！

第二篇　学海争辉

学海浩瀚，不惧风浪始向前；百舸争流，唯有勇者立潮头。一代代展辉学子，用勇气和韧劲跨越书山学海，用智慧和汗水书写奋斗篇章。

学海无涯

曾　兴

学海拾贝

高中三年的学习本身是枯燥乏味的，那时候的我会为每门课额外买3—4本教辅资料，采用题海战术，无题不做；我会把英语（高一、高二的时候还有历史、政治和地理）教材摞成一堆，从第一篇课文背到最后一篇，再反着背回来，然后再默写；我会把所有的英语笔记，包括其他教辅资料上的笔记，都统一整理到自己的笔记本上，会分学科誊抄错题本，最后高中毕业的时候，我的英语笔记本和错题本堆起来比我自己身高还高。

我们那一届初中一共有13个班，每个班60人左右，初24—27班是重点班，初28—34班是普通班，初35、36班是两个全托班。

初入学的时候，我家里亲戚给我定了个目标（我父母比较“开明”，几乎不会给我下这种“指标性”的任务要求，只会要求我“好好学习，考个好成绩”），要求我争取一个学期内进入重点班（年级前240名），一年的时间进入年级前100名。这在刚入学的我看来，是一个非常苛刻的任务，当时我并不觉得自己能够完成。原因很简单：入学考试我的分数比普通班分数线只高了2分，而重点班加普通班一共有11个班，接近700人，按照比例来算，我的成绩应该也只是在550名上下。再加上我所在的34班是最后一个普通班，我几乎是下意识地认为，这是按照成绩排序分配的，所以我估算自己的成绩应是最后60名。

因此，摆在我面前的任务是从700人中的后60名，进入前240名。这一度让我非常绝望，因为一方面我觉得自己起点低，另一方面我在镇小学几乎没学过英语，在这一门课上天生有劣势。

学习压力之外，生活上我也面临着非常大的压力。我初次从镇上来到武冈，听不懂武冈话，说不好普通话，也没有小学同学。我穿着寒酸，在镇里的时候和周围人的差距顶多就是一周少几块钱的零用钱，但是到了县城这个差距突然显著拉大，很多同学穿着名牌衣服，说着武冈话侃侃而谈，呼朋唤友着同在城里的小学同学，很多同学会打篮球、跳舞、弹乐器，多才多艺，让我自惭形秽。

在学习和生活的双重压力下，我只能把时间和精力都先投入到学习中。上课认真听讲，课后及时完成老师布置的作业，英语听不懂就用汉字做拼音，语文、历史等文科就死记硬背，正着反着来来回回背，数学就在老师要求的作业之外，额外买了两套辅导习题，疯狂刷题。很快，投入得到了正反馈，第一学期的期中考试，我就进入了年级前100名，超额完成了家里亲戚给我定的目标。这件事情给了我非常好的正向信号，一方面重塑了我的自信，相比小学时的骄傲，这回的自信更加坚实，且让我在一个陌生的环境里，找到了最大的安全感和实现自我的方式，好成绩是我在一众城里同学面前最大的底气；另一方面，让我相信天道酬勤，努力就能保证好的成绩，出身家境、天赋特长都不是我能决定的，但是成绩是我自己能控制掌握的。于是，这便形成了正向循环，我有了极大的动力继续努力和提升成绩。现在回过头来看，入学考试的失利，较低的入学起点，可能对那个时候尚不成熟的我而言，才是更好的人生经历。

很快，在我持续的努力下，我进入了年级前十，甚至在初二上学期的时候考到了年级第一。但生活永远不会让人一直一帆风顺。初二，我在可以去重点班的情况下选择了留在普通班，名义上是“觉得现在班里的学习氛围也挺好的，换一个环境没必要”，但其实真实的原因是，我“宁为鸡头，不做凤尾”，在普通班的我“更自由”，可以更肆无忌惮。初二我开始放纵，从上课不听讲、和老师顶嘴，到上甲课做乙课作业，再到自习课去打球、周末去泡网吧打网络游戏，觉得自己融入了“城里的生活”。更让我嚣张放肆的是，在我“浪荡”的整个初二，我的成绩没有下滑，还持续保持年级前三，多次考第一。事后回头来看，是因为一时的放纵并不会立刻反映在成绩上，我吃的是初一扎实的老本，但直到最终的教训到来之前，我自己并不会意识到，也不会反思，就那么放荡地过了一年多的“街溜子”生活。

教训终究还是会来。初三我的成绩一落千丈，从稳定的年级前三掉到了年级30—50名，最差的时候几乎掉出年级前100名。尽管我在受到教训之后，开始逐渐收心，但一来人很难在短时间内改变自己，二来初二没打好底子，在初三全面考核中缺点便全暴露出来，所以整个初三，我的成绩再没进过年级前30名。直到最后，确定继续就读展辉高中部的同学原本是要提前开始学习高中课程的，但最终因为种种原因这一安排未能实现，很多成绩前列的同学初中毕业前最后一两个月几乎处于不上课、不复习的状态，我才捡漏在初中毕业会考中考到了年级前三名。

也许当时的我并未意识到，但现在回过头来看，初中三年的经历，对于我高中的心态和学习方法都产生了深远影响。从低点走到初二的高点，让我建立起了自信和正向激励的循环，而初二的“放荡”以及初三的低谷，更是让我体会到了放纵的后果，高中阶段我再没有过类似长期放纵的经历。

2009年8月，我顺其自然地从初中部升到高中部。高中求学三年，我其实过得波澜不惊，按部就班地学习、考试、高考，心态稳定，稳定地发力，整个高中三年的成绩也非常稳定，没有了初中过山车一般的经历。现在回想起来，最重要的原因可能是以下两点。

一是老师们的谆谆教导和勤恳付出。展辉高中部的老师不论是教学能力还是教学态度，都是我至今想起来还觉得不可思议的。班主任（化学）晏乐华老师的勤恳负责、数学段春潮老师的逻辑清晰、语文曾骅老师的博学睿智、英语郭世良老师的国际范儿、物理陈代俊老师的风趣幽默、生物陈武华老师的质朴扎实，都是我至今印象深刻的。单以班主任晏乐华老师为例，他虽是化学老师，但会给我们寻找英语、数学、理综等各个科目的优质试题，安排测试。今天我站在职场人士的角度看，教师也只是一份工作。晏老师所做的这一切，对他来说全都是额外的工作量，需要去搜试题、判断试题的质量、打印试卷、安排考试，考完之后还需要批改、统计分数。他本不需要做这些，勤勉尽责地做好本学科工作、管理好班上的整体学习氛围就已经很好了，额外做出这么多工作，非常难能可贵——说到底，学生们考不考得上好的大学，对他而言并不会有太大的利益得失。遇上这样充满责任感、优秀勤勉的老师，对当时的我而言，绝对是人生中最大的幸运。

二是我自己经历了初中的起伏波动，进入高中之后心态沉稳了许多，像是一夜之间长大了，那三年的经历确确实实改变了我后来的人生轨迹。高中三年的学习本身是枯燥乏味的，那时候的我会为每门课额外买 3—4 本教辅资料，采用题海战术，无题不做；我会把英语（高一、高二的时候还有历史、政治和地理）教材摞成一堆，从第一篇课文背到最后一篇，再反着背回来，然后再默写；我会把所有的英语笔记，包括其他教辅资料上的笔记，都统一整理到自己的笔记本上，会分学科誊抄错题本，最后高中毕业的时候，我的英语笔记本和错题本堆起来比我自己身高还高。我记得，高三之前的那个暑假，学校放了 15 天假，但是我除了第一天回家拿生活费以外，其他 14 天全都待在学校里，住在教师公寓的一楼，窗户正对着外面的高中部篮球场。在那 14 天里，我每天从早上 7 点多起床，一直到晚上十一二点睡觉，基本上都在学习。我用 3 天的时间完成了老师们布置的暑假作业，用 4 天的时间整理了英语笔记，然后用了 7 天的时间做完了 2011 年当年全国各省接近 15 套高考试题。那时候，我中午会去学校后门吃炒饭，吃完饭走回宿舍的路上，看着空无一人的学校，或者是住在周围来学校打篮球的同龄人，心底里会有一种极大的满足感，因为我感觉到自己在不断地进步，感觉每一天自己都比前一天更优秀，积累了更多的知识和智慧。我一个人在学校，既没有觉得孤独，也不再在意那些物质条件，真正感受到了自己在知识的海洋里畅游，感受到了古人那种“以中有足乐者，不知口体之奉不若人也”的精神。我想，那段时间，是我真正与自己和解、看淡外在的“龙场悟道”的时候。

在今天的中国社会，高考依然是人生最重要的一道坎，不能说高考失利就一定不会成功，但不可否认的是，对于来自武冈这个“小县城”的我们而言，对于中国大多数人而言，高考是人生最大的变数，而决定高考结果的，就是短短的高中三年。于我而言，我对展辉，对当年的老师们，也对当年努力的自己充满了感恩；也希望学弟学妹们能够充分利用好外在资源，充实提升自己，真正改变自己的命运。

我的学习之道

陈远航

学海拾贝

对我而言最重要的习惯是高效利用课堂，在课堂中紧跟老师的步伐，会让我对知识理解的过程变得简单许多……课前预习和课后查漏补缺十分重要。课前预习应该做到对新课有个大致的了解，明白要学习哪些新知识，哪些部分自己在预习过程中不太理解，在上课时抓住这些重点，听课的效果自然不会差。在听课过程中，对老师着重强调的知识点做好标注和笔记，便于课后复习总结。课堂结束后，梳理一遍老师所讲的知识，对于尚不理解的知识，及时与同学交流，不能解决的再向老师询问。这样一个流程下来，课堂的利用效率就很高了。

本文为大家介绍我的学习方法与理念，在此之前我想说明一点，每个人都有不同的特点，因此适合自己的方法才是最好的，本人的方法与理念仅供参考，希望对学弟学妹们有所帮助。尽管每个人的学习方法不同，但我想谁都无法拥有一种“轻松”的方法。学习本身是一个不断探索未知，将原本自己所不了解的事物、方法纳入头脑中的过程，而人都趋向于依赖自己已知的事物面对生活，因此学习可以说是走出舒适圈重塑自己的历程，不可谓不辛苦。然而玉不琢不成器，不学习我们就无法在学识上取得进步，更无法在心智上变得成熟，作为有智识的人类，尤其是作为一名学生，学习是我们的需求也是责任。长远而宽泛地来看，学习的过程会让我们拥有更多人生智慧，时间只负责流动而不负责令人成长，自觉地从各种途径学习，原本想不明白的问题才会渐渐变得明晰。功利而具体地看，努力学习会让我们把知识掌握得更加牢固，在考试中取得更好的成绩，最终考取自己理想的院校。更加现实地考虑，如今社会就业形势比较严峻，大量年轻人在完成本科学业后找不到合适的工作，只能选择考研、考公，竞争之激烈令人望而却步。在年少时我经常怀疑努力学习的意义，但到了同龄人为生计与未来发愁的时候，我才无比庆幸自己当初的努力，所以我希望处在中学阶段的校友们能保持危机感与紧迫感。

虽然说学习本身并不轻松，但找到适合自己的学习方法后，确实能够让学习的过程变得高效，从而有多余的时间调整状态，学习的枯燥感也会大打折扣。对我而言最重要的习惯是高效利用课堂，在课堂中紧跟老师的步伐，会让我对知识理解的过程变得简单许多。每个老师都是各自学科的专业人士，他们对课本知识的理解比我们深刻许多，而这些知识经过他们解读后再印入我们的脑海，就像是新鲜的食物经过了大厨的烹饪，味道好，吸收也快。习题课亦是如此，老师积累了许多解题的方法与思路，如果能将这些经验归为己有，无疑会让我们解题更快更好。而一些同学习惯不听老师讲课，选择在课堂上自学或刷题，在我上高中时这种现象尤其明显，而我认为这种行为有些得不偿失。对于大部分同学而言，自学的效率比不上听课，当然我并不觉得自学无用，只是不应该在课堂上进行。专注地听好每一节课不遗漏任何知识点是很困难的，再有毅力的人也很难做到时刻不分心，因此课前预习和课后查漏补缺十分重要。课前预习应该做到对新课有个大致的了解，明白要学习哪些新知识，哪些部分自己在预习过程中不太理解，在上课时抓住这些重点，听课的效果自然不会差。在听课过程中，对老师着重强调的知识点做好标注和笔记，便于课后复习总结。课堂结束后，梳理一遍老师所讲的知识，对于尚不理解的知识，及时与同学交流，不能解决的再向老师询问。这样一个流程下来，课堂的利用效率就很高了。

我印象最深刻的是高中化学易老师的课堂，他上课通常什么都不带，全凭记忆就能把所有知识点板书出来，然后一一讲解。这样的课堂节奏让我享受其中，因此我上化学课的习惯就是在老师板书时跟着做笔记，一字不漏地将板书抄到笔记本上，然后认真听讲，将笔记理解透彻。但上易老师的化学课也有难点，易老师性格随和，几乎不会批评同学，在他课上睡觉心理负担很低，所以我总是瞌睡，我相信有同学和我有同样的困扰，就是上课容易走神或者睡着。解决这个问题，第一个办法是借用外力让自己保持清醒，擦风油精、掐大腿、扯头发等在睡意不强时有效，实在困得不行，就向老师说明情况，站到教室后听课。另一个方法是在课后找同学借笔记誊抄，但是这样已经错过课堂了，不推荐。高中数学刘老师的课堂也主要使用板书，听课的方法与化学课相似，边听边做笔记，但他同时还是班主任，所以根本不会给我们打瞌睡的机会，一旦发现有人在“点头啄米”了，刘老师就会暖心地让他到教室后方认真听课。说到最后，还是强调要利用好课堂，认真听好每一节课有困难，但只要有心总有办法解决。

接下来再谈谈我对做题的理解，这一定是很多同学关心的问题，到底需不需要刷题？刷多少？首先明确做题一定是必要的，不做题就无法将知识运用起来并彻底地理解，做题本身也有许多技巧，不亲手做是无法体会到的。我上初中时有幸听取了曾兴学长的学习经验分享，他强调最多的就是刷题，在我记忆里他从初中开始每一学科每学期都至少要刷三套资料书，这是一个保守估计的数字，到高中这个数字就更加恐怖了，后来高考曾学长出现失误，屈居湖南省理科第二名。对于“刷题无用”的说法，这个例子就是最直接的反驳。但是并非每个人都有如此的毅力和效率，曾学长的成功是不容易复刻的，我们需要按照自身情况来决定做题的数量。做题和刷题是有区别的，做一个题也叫做题，刷题则主打量大，我提倡主要按照老师的要求做题，辅以根据自身的情况刷题。配套资料书（以《学法大视野》为例）上有专门的预习板块，能使我们对新知识有个大概的了解，此外也有相应的知识总结和课时作业。这本书是每个人都要完成的基础任务，我认为完成好这部分任务，至少能取得百分之七十的学习效果，剩下未掌握的才需要在其他资料书上刷题。可能有同学觉得学校发的资料书太简单、题量太少，更喜欢使用自己买的教辅；也有同学缺乏耐心，不能自觉自主地完成每天的作业。这些做法我都不太认同，《学法大视野》对知识点的总结已经相当凝练了，题目质量也很好，如果不按时跟进，轻则对知识点理解模糊，考试时不会做题，重则过后将知识点全都忘记，回过头再想掌握，犹如女娲补天。此外，老师讲解的也一定是统一配发的习题，如果没做，又如何在老师讲解时跟上进度呢？认真做好每一课的题，有利于我们打好基础，我相信只要做到这一点，就已经可以取得良好的学习成效了。刷题，适用于做过基础题目后仍不理解的知识点，或是重要的考试前夕对所学知识通盘复习。此外，如果完成基础任务的速度较快，又想在学习上更进一步，也可以刷题，这样做会让自己做题速度更快、正确率更高。我有一个不知从何时起养成的做题习惯，我会结合参考答案与老师讲解，在错题或自己没有完全理解的题目上用红笔做好标注和笔记，因此我的每一本习题书或试卷上都是密密麻麻的黑字红字，将这些试卷收集起来，复习的时候也能大大提高效率。高三时我的一种复习方法就是将厚厚的一沓试卷全部阅读一遍，那些从前做错的题目和模糊的知识点就在脑海中变得清晰了。

以上我说的听课与做题两点，都强调要服从老师的安排，紧跟老师的进度，这是我自己的经验与窍门。另外，自学也令我有过不小的进步。在高三以前，由于我保持了较好的听课与做题习惯，在知识点上没有太多的漏洞，没有弄懂的问题基本上在课间或者自习时都能解决。如果有了较多遗漏的知识，就需要利用周末或假期自学，正所谓“弯道超车”。到了高三，学习节奏变快、强度变高，偶尔的走神还是让我错过了老师的一些讲述，我逐渐在一些知识理解上出现了明显的不足，但是没有时间去解决这个问题。高三的寒假，我完成了老师布置的作业后，就要准备开学返校，但新冠疫情开始肆虐，全国都停课暂缓返校了，对这突如其来的情况谁都没有做好准备，在学校组织网课之前，我们有了一段自主学习的时间。这段时间，书店全都关门，我也没有带太多书回家，于是借用了一位同学十几套数学和理综试卷，同时找了一些网课资源，开始在家自学。找准自己的薄弱环节，一项一项地解决，在返校时我第一次考进了年级前五。总结这段时间自学带给我的帮助，最重要的一点是明确自己需要学什么，然后寻找各种方法补足短板，而非泛泛而学，白白浪费宝贵的休息时间。

最后我想分享一个简单实用的心得：情绪的问题交给行动解决。在我们学习的过程中，心态不可避免会受到许多事情的干扰，愤怒、伤心、难过等是每个人都会有的情绪，除此之外，我们有时也会在学习时感到压力，产生焦虑。这各种各样的情绪往往会影响我们的学习效率，严重时甚至会让人萌生放弃学习的想法。行动起来，这是我解决负面情绪的方式，做一套题、背一篇课文、跑一次步，不管哪种行动都会让人感觉到踏实，行动给人以真实的成果与反馈，很容易就能战胜情绪。希望学弟学妹们都能心无旁骛地学习，找到适合自己的学习方法，考取令自己满意的大学。

学术之道

吴子祎

学海拾贝

学习时，尽量清理桌面，保持整洁，整段的时间（比如晚自习），不要总是更换学习科目，先完成一门学习任务再学习下一门，专注一段时间后要进行活动放松。在家里，对专注力的考验更甚。在学习时尽量远离手机、电视等干扰源，让自己全身心投入到学习中。

距离高中的学习已经有好几年的时光了，大家常开玩笑说高三是一个人的知识储备巅峰。诚然，在大学课程中苦苦挣扎的我时常怀念中学时期得心应手、在一些科目下笔如有神的自己，其中差异就在于是否找到适合自己的方法和高效集中精力学习的环境。尽管如今的教材和题型相对我中学时已经有所改变，但是学习的习惯、方法是互通的，所以希望与大家分享一些我的学习经验和方法。

首先，保持规律和专注是一个非常重要的学习习惯。中学本身是一个时间非常规律、重复性极强的阶段，可以依据学校规划好的时间段制定学习计划，不需要非常明确，可以是背单词、刷题或者看书，如果精力足够，可以把课间的琐碎时间也安排上，用5分钟左右做一些小题。最重要的是坚持，每天设定固定的学习时间，有助于大脑形成记忆和学习的节奏。但需要注意的是，对于精力不够足、生物钟难以调整的同学，要注意在平时的考试时间保持学习状态，以免考试不在状态。同时，保持专注也非常关键，随着社会的进步，身边的诱惑越来越多，尤其是在家里时，难免被电子产品或者一些社交活动分散精力，在学校更有利于培养专注的学习习惯。学习时，尽量清理桌面，保持整洁，整段的时间（比如晚自习），不要总是更换学习科目，先完成一门学习任务再学习下一门，专注一段时间后要进行活动放松。在家里，对专注力的考验更甚。在学习时尽量远离手机、电视等干扰源，让自己全身心投入到学习中。

其次，经常整理、定期总结和构建知识框架的学习习惯对于个人学习和发展具有显著的好处。这些习惯不仅有助于我们更有效地吸收新知识，还能提升我们的逻辑思维能力和问题解决能力。通过分门别类地整理学习资料，我们可以更容易地找到需要的信息，避免在需要时浪费时间翻找。同时，整理笔记可以帮助我们更好地回顾和总结学习内容，加深记忆和理解。定期总结督促我们回顾所学知识，提炼学习内容的精华。在学习过程中，我们经常会遇到大量的信息和知识点，通过总结，我们可以将这些知识点进行归纳和整理，形成自己的知识体系。这样不仅可以加深我们对知识点的理解，还能帮助我们更好地运用所学知识解决实际问题。同时，总结也有助于我们发现学习中的不足和遗漏，及时进行补充和完善。总结过程中，构建知识框架有助于我们形成系统化的学习体系。知识框架是一个将知识点相互关联、形成完整知识网络的过程。通过构建知识框架，我们可以更好地理解知识点之间的联系和逻辑关系，形成更加完整和深入的认识。这不仅可以提升我们的学习效率和效果，还能帮助我们在面对复杂问题时能够迅速找到解决方案。

此外，提前预习和定期复习有利于学习新知识和备考。课前预习主要通过阅读教材和查找教辅资料，结合预习题进行，有助于提高课堂学习效率，提前了解课堂内容的重点和难点，从而在听课时更加有针对性，避免在课堂上盲目听讲，提高学习效率。课前预习让我们更有自信、更加积极地参与课堂讨论和小组合作，甚至与老师进行交流互动，增强学习信心和兴趣。还能够培养自学能力和独立思考能力，有助于培养良好的学习自觉性和主动性。定期复习可以结合笔记和作业回忆课堂内容和解答思路，最直观的效果是巩固所学知识。人的记忆是有遗忘曲线规律的，定期复习可以帮助我们巩固所学知识，避免遗忘。通过反复复习，可以加深对知识点的理解和记忆。顺便查漏补缺，可能会发现之前学习中的遗漏或错误，从而及时补充和纠正，确保知识体系的完整性和准确性。课前预习和定期复习是相辅相成的学习习惯。课前预习为课堂学习打下了坚实的基础，定期复习则确保了知识的巩固和应用。

在学习方法上，我主张多元化和个性化。每个人的学习方式和喜好都不同，因此找到适合自己的学习方法至关重要。我会尝试不同的学习方式，如阅读、听讲、讨论等，以找到最适合自己的方法。同时，我也会根据学科的特点和自己的优势来调整学习方法。

对于语文学习，我实在没有技巧可言，语文在我心目中是一门很有灵气的学科，非常遗憾，我并没有把握，只能硬学。但就我的经验而言，经常阅读优秀作品，背诵、理解课文和考试文章是必要的，同时还需要注重积累词汇和提高阅读理解能力，通过写作来锻炼自己的表达能力。

数学和物理学习类似，都注重逻辑思维和解题技巧的训练。这类科目都需要一定的刷题量，更重要的是学会总结每类题型的本质，同一个知识点，可以放到多种应用情景中，花哨的题干往往会迷惑答题人，将简单的问题复杂化。想要一眼看穿本质，首先需要认真听讲，理解并掌握基本概念和定理。同时，我也会多做练习题，尤其是刷同一类题型或者进行专题训练，通过实践来加深对知识点的理解和记忆，甚至可以对现实中的情景进行分析计算。此外，尝试用不同的方法来解决同一个问题，有利于活跃思维，培养自己的创新能力。

英语学习则注重听、说、读、写各方面的综合训练。听力是一个积累的过程，如果长时间不听自然会退步，在条件允许的情况下，重复听，第一遍做题，做题前抓紧时间阅读题干，找出关键词，第二遍结合听力材料进行对照，如果跟不上可以慢放，找到题干对应的片段，第三次尝试脱离材料跟上速度。结合个人兴趣，听英语歌曲、看英语电影等也有一定帮助，不过外国作品常会出现本土化表达，不符合语法，需要进行鉴别。在阅读方面，课内精读，利用早读和上课时间熟悉课本，最好能够做到明确每篇文章在课本的位置，某个精妙的句子在文章中的位置，阅读时注重停顿，将句子的各个部分区分开来。课外的文章可以作为扩展，扩大自己的词汇量和提高阅读理解能力，拓宽视野。在写作方面，要多写、多借鉴，主动向老师寻求修改建议。

生物作为理科中的文科，需要准确、精细地记忆。吃透教材，当做题或考试遇到不熟悉的知识时，一定要找出其所在的位置，并进行标记、记忆。同学之间可以互相抽查帮助学习。而化学学习是记忆与理解并重。化学知识点繁多且琐碎，因此我会采用各种记忆方法来帮助自己记忆知识点，并通过理解和分析化学反应的机理和过程来加深对知识点的理解。

整体而言，展辉的学习氛围是松紧适中的，有着自己的特色。令我印象深刻的是初中时期的翻转课堂，学生讲课的形式督促着我们提前预习、主动查找资料，独立思考，寻找疑惑之处并与同学交流讨论。展辉的老师们的教学方法各有特色：有的老师踏实教学，讲课有板有眼，干货输出；有的老师思维活跃，擅长调动大家的积极性；还有的老师教学富有美感，将应试与素质教育相结合。让我印象深刻的一位老师是高中物理老师，老师讲课有条不紊，不管知识点或者题目是简单还是复杂，都会踏实教好每一步，总是一步一步分析题目，板书过程，展示了理科的严谨与逻辑，这也影响着我的答题和学习思维，面对复杂的题目也能够冷静下来进行分析，遇到复杂的情况懂得抽丝剥茧，一步一步地解决。

总的来说，好的学习习惯、学习品质和学习方法对于提高学习效果至关重要。通过不断尝试和调整，参照身边同学、寻求老师帮助，我们可以找到适合自己的学习方式，并在各科学习中取得更好的成绩。希望我的分享能够对大家有所帮助。

方法比努力更重要

曾菱衣

学海拾贝

> 历史很考验一个人的知识串联能力，知道有这件事还不够，要知道它之前有什么，之后有什么，这些事件之间有什么联系。所以历史是一门需要想的科目，书上说的只是最基本的事实，很多内在的联系需要自己去总结发现。知道了这些，我慢慢学着自己对照书本后的大事年鉴回忆，有时候还会有意想不到的新发现、新联系，每当这时我就会特别兴奋和满足。

在学习过程中，找到自己擅长的事情，研究出一套适合自己的学习方法，往往比埋头苦干更重要。我曾经为历史这门科目感到十分头疼，在高三时也没少受它的折磨，在这里我想分享一些学习历史的经验，希望大家看完能够起到举一反三的效果。

我和历史的故事得从初中说起。刚一开始，我们就结下了梁子。那时候，我一点儿也不待见它，觉得它死板枯燥，既没有政治的趣味横生，也没有地理的博大精深，就像一个死气沉沉、老气横秋的老头；它自然也瞧不上我，从来就没在考试的时候给我好脸色看。于是我越发仇视它，索性上课也心不在焉地在历史书上画起了“扬州十八怪”。就这样，我初一、初二时的历史成绩颇为惨淡。

到了初三，我迫于升学压力，硬着头皮讨好了它好几个月，还很谄媚地当了历史课代表以示我对它的忠诚。但可能是由于之前的隔阂太深，它并不怎么买我的账，即使在初中毕业会考时也只是给了我一个勉勉强强的分数。

升入高中以后，我抱着必读理科的决心，压根没把文科科目放在心上，更别提让我恨得牙痒痒的历史小老头了。这样做的后果就是，虽然政治和地理还维持着不错的成绩，但历史却跟我玩起了过山车，一下子好一下子坏，整得跌宕起伏的。我心想，也罢，反正我马上就能摆脱你了，才懒得管，便放任自流。

可是未曾料想的是，命运和我开了个小玩笑，就在即将要分科的时候，机缘巧合阴差阳错鬼使神差般的……我居然从文了。其实一切也早有预兆，我在学习中擅长理解记忆，不喜欢刷题巩固，往往只是做完最基本的课堂作业就完事，而这对于适应理科丰富多变的题型来说是远远不够的。我不得不接受自己不擅长理科的现实，再次硬着头皮面对捋着胡子奸笑的历史小老头。

接下来，我和历史展开了为期整整两年的拉锯战。

高二奋战一年，未见成效，我带着徘徊在 70 分左右的分数进入高三。我想着，这时候还只是把知识分开考，我就已经支撑不住了，而高考要考的是那么庞杂的一个知识体系，如果捡了芝麻没了西瓜，记了这儿忘了那儿，我还不直接倒下。我决定拿出诚意，和历史小老头握手言和。恰好这时候，历史老师在一次课堂上漫不经心地问我们："你们历史书看过几遍了啊？"我一怔，他扫了我们一眼，我赶紧心虚地低下头。他又接着说："四五遍有没有？两遍总有吧？……什么？一遍都没看完？那你们还读什么历史啊。"打那时候起，我明白了历史书是要啃的。于是，我开始杀红了眼地抱着历史书看。怎么看？老师说了——要反反复复看，翻来覆去看，顺着看倒着看，还可以从中间开始看，最要不得的就是今天从第一页开始看，明天又从第一页开始看，永远停留在第一页上（惭愧，我之前好像就一直是这样的）。老师还说了——对书本必须熟悉，如果能做到倒背如流，那么 75 分是肯定没问题的。要做到这个程度，书本翻过四五遍总是要的吧。得了这些真经，我恍然大悟，感慨良多。原来历史老头一直不喜欢我是因为我老不去巴结它。这样折腾了几个月，我总算是把书翻过了四五遍，而且我发现，随着看书次数的增多，对书本越来越熟悉，再复习一遍所用的时间也越来越少，原来要把书翻过几次也并不是想象中那么困难的事。而且依照老师的提醒，每一次复习都要看上次没有看过的东西，看过的就不用那么仔细地看了，因为看书并不是简单地重复上次的过程，这样永远也汲取不到新的内容。慢慢地，我发现历史老头的面目不再如原先那般陌生疏离，甚至偶尔还会露出一丝熟悉的微笑来。于是，我对感化历史老头更加有信心了。

尽管如此，我的分数还是只在 75 到 80 之间游动，最常见的就是 78 分，而这离我的理想目标还有一段距离。我自己挣扎不出什么好点子，又转向老师求助。老师说了，接着要想。怎么想？可以自己对着知识梗概回忆。比如说，可以先画出一条时间轴，沿着它把发生过的事情简单写出来；然后再对着它一个一个深入回忆，事件的背景、过程、结果、影响，这些都是需要掌握的；接着在历史事件中找联系，或者作对比。这样反复记忆比较后，不管题目考查横向还是纵向，都可以做到游刃有余。其实历史很考验一个人的知识串联能力，知道有这件事还不够，要知道它之前有什么，之后有什么，这些事件之间有什么联系。所以历史是一门需要想的科目，书上说的只是最基本的事实，很多内在的联系需要自己去总结发现。知道了这些，我慢慢学着自己对照书本后的大事年鉴回忆，有时候还会有意想不到的新发现、新联系，每当这时我就会特别兴奋和满足。

在几次大考小考过后，我发现自己的问答题老是拖后腿，总是答不到点子上，洋洋洒洒写了一大堆，结果依然只有别人写了一两点的分数。老师给我们分析后，我发现历史的问答题都是按点给分，而且答案要点特别简单，往往四五个字就是两分；反观我写的答案，一大段一大段地写了很多废话，却没有找到重点。意识到这一点后，我开始有意识地控制自己答题的字数，语言尽量精练，同时尽可能做到规范。这样做之后，用来写口水话的时间少了，留来思考的时间多了，即使有时候还是答不到点上，但也节省了不少宝贵时间。每次考过之后，我都会把自己的答案和老师说的答案细细比较，找出其中的差距，并将自己原先不会用的规范说法记下来，也许以后就可以派上用场。虽然都是些小事，但每次做这些事情的时候，我总能感受到自己的知识库一点一点被充实的快感。其实学习本来就是不断地从小事中积累的过程，以前我也觉得，那些取得耀眼成绩的人一定是用了什么秘诀，或者有着什么独一无二的超级无敌高效大法，现在想起来，其实学习没有捷径，没有一蹴而就，有的只是日复一日的平凡积累出来的伟大。你比别人多做一些，多用心一些，你就多收获一些。

慢慢地，我甚至忘记了我想要考出高分的初衷，仅仅是看到自己一点一点进步的快乐，就足以支撑我继续努力下去。那时的我没有注意到，其实此时的历史小老头，已然是慈眉善目了。我开始用心对待学习历史这件事，我想要把它做好，而不仅仅是被逼着去完成一个任务。我发现当我抱有这样的想法时，我自己就会想一切可能的办法去提高。我每个星期都去找历史老师，老师非常耐心，给我找来几套题，让我做过之后拿给他看，他再给我讲解，分析我的问题在哪里。我们也会聊最近的学习情况，包括复习进度啊，学习中遇到的问题啊，心态上的调整啊之类的。每次去历史老师办公室回来，我都感觉心情轻快许多，对之后的学习也更加充满信心。在高三一年的学习中，历史老师帮了我非常多的忙，从他那里我学到了很多学习和考试上的技巧，也让我一直保持一个平和的心态面对学习中的得与失。所以说我认为与老师的交流至关重要，尤其是在自己完全不知道该如何入手的时候，一个好的老师会教会你怎样读书。我们从老师那里学到的不仅是知识，还有他们多年的经验，让我们知道怎样做是最好的。通过与老师的交流，我们能更加清楚接下来的路要怎么走，自己现在的状态是不是正常，从而始终保持一个平静的心态，这才是学习过程中更加重要的。

总之，最后我和历史小老头在高考中终于握手言和，也算是一个皆大欢喜的结局。那么，看着这篇文章的你呢？你和某个小老头的恩怨情仇开始上演了吗？

高效学习的艺术

邓联建

学海拾贝

逃避是一种非常有用的方法。如果你一直沉迷于某种娱乐活动，最容易见成效的方法是远离它。在远离它的时候，努力思考自己为什么需要它，可以找到哪些方法来转移自己的注意力。

高效学习在很多人眼里就像是蓬莱岛一般，神秘、不可名状。曾经作为中学生的一员，我也多次焦虑过自己的学习是不是在做无用功，是不是低效学习，也曾尝试过买各种各样的学习资料企图找到武林秘籍。然而，经过这些年的沉淀，我愈发相信“高效”学习的捷径是不存在的，只要你找对方向，提升还是需要你自己一步一个脚印走出来。

那“无效”学习的现象存不存在呢？不可否认，这是存在的，但“无效”学习现象的出现却往往是由于人对所谓的“学习”方法形式上的模仿，并不清楚自己要学什么，又学得怎么样。当然，认清自己要去学什么，又学得怎么样也是一件需要学习的事。因此，在这里我分享自己学习的经历以供大家参考。

兴趣与好奇心

兴趣与好奇心往往是相生相伴的，但并不完全一样，好奇心可以催生兴趣，而兴趣不完全等同于好奇心。不合时宜地举例，为什么游戏那么令人着迷呢？很多时候是这个游戏给你设计了一个又一个小目标，你完全能够畅想你完成某个任务后所能得到的收益，这种期望驱使你一次又一次地去完成游戏给你设置的或显性或隐性的任务，最终沉迷其中。学习不是这样子的，几乎所有人都有过这样的疑惑：我为什么学习这个东西？知识给我们带来的益处通常不会立即显现，因此期望变得更好很难让大多数人对学习产生兴趣。可以说，在学习领域，兴趣几乎等于好奇心。

在我小学的时候，我的成绩其实不算拔尖，但是对数学特别感兴趣，至今仍记得，当时有个同学故作深沉地跟我说："你数学真好，如果能坚持下来的话，一定会很厉害。"确实如他所说，我对数学的热爱一直保持到了高中，由于有一门擅长的科目，我也有勇气去把其他不足的科目补上来，最终也是得到了自己比较满意的结果。

兴趣是促使人学习的强大动力。我曾经向大学的副教授提问："什么样的条件才能够来你这里做研究生呢？"他说："你有资格的话，感兴趣就好。"著名的物理学家费曼提出过著名的"费曼学习法"。"费曼学习法"是一种以理解和传授知识为核心的学习方法，它强调通过教授他人来加深自己的理解，其核心包括：选择一个概念，教授这个概念，回顾并简化表达。首先，选择一个你想要学习或理解的概念；其次，尝试用最简单的语言向一个新手解释这个概念，就像你在教授一个小孩子一样；最后，当在解释过程中遇到障碍时，回顾资料，重新学习那些不清晰的部分，然后用更简洁的语言重新表达。很多人将"费曼学习法"奉为圭臬。我上大学之前从来没听说过"费曼学习法"，初次听说却感觉非常熟悉：如果你对某件事好奇，那么你就本能地问为什么？还可以怎么做？当你自己能够回答这两个问题的时候，那么你大概率就能向其他人解释清楚了。

自律与坚持

兴趣和好奇是驱使人学习的最大的动力，但往往我们并不是对所有东西都抱有兴趣和好奇。一开始就陷入生涩难懂的领域收获的肯定都是负反馈，举一反三的乐趣也只有你有足够的知识储备才能领略到，因此，补足自己不感兴趣的知识所需要的是自律和坚持。

面对困难的事情，人往往会陷入以下的循环：首先，下定决心要做出改变；其次，在改变的过程中遇到了困难的地方后放弃；最后，在玩乐之后后悔不已。学习和娱乐，都是生活中不可或缺的东西，学习与娱乐的平衡本就是一个良好的循环，每一次循环的开始都是改变的契机，总结这一次自己没能坚持下去的原因，努力构建好下一个循环。

逃避是一种非常有用的方法。如果你一直沉迷于某种娱乐活动，最容易见成效的方法是远离它。在远离它的时候，努力思考自己为什么需要它，可以找到哪些方法来转移自己的注意力。

进步从来都是循序渐进的。从集中注意力 10 分钟到集中注意力 15 分钟再到集中注意力 25 分钟，像玩游戏一样为自己设定各种小的目标。学习是一场匀速运动，心急和焦虑并不能让你加速，不气馁和坚持才是你赶超别人的利器。

以英语学习为例，“记单词”是大多数英语基础薄弱的人一个很好的开始，“记单词”并不是英语学习的全部，但这个目标非常明确，甚至对完全没接触过英语的人来说，也有实现的可能性。

良师与益友

良师，是我们求知路上的引路人。他们不仅传授知识，更重要的是，他们教会我们如何思考，如何探索未知的世界。良师的智慧如同灯塔，在我们迷茫时给予指引，在我们犹豫时给予鼓励。他们的目光总是充满期待，他们的言语总是充满激励。在他们的教诲下，我们学会了批判性思维，学会了独立解决问题，学会了在失败中寻找成长的机会。

益友，是我们人生路上的同行者。他们与我们分享喜悦，分担忧愁，一起经历风雨，一起见证成长。益友之间的交流无需华丽的辞藻，真诚的心便是最好的语言。他们懂得倾听，懂得理解，懂得在我们需要时伸出援手。在他们的陪伴下，我们学会了珍惜，学会了感恩，学会了在人际交往中寻找平衡。

我在成长路上遇到的良师很多，他们或是学识渊博，能够将知识点整理得非常清晰，讲解得深入浅出；或是非常有耐心，时常微笑着为你解答各式各样千奇百怪的问题。对我来说有两位老师比较独特，他们都出现在我的小学阶段：三年级之前，我还没有来到展辉，当时，白天放学后，我们会去一位老先生家里补课，这位老先生一直夸我聪明，这极大地增强了我的自信心；第二位是我小学六年级的数学老师，当时我表现出了数学上的天赋，这位老师针对我的兴趣给我分享了很多数学资料，这也为我之后的数学学习夯实了基础。

一位好老师是非常重要的，但与同龄人的讨论也不可或缺。当时，有一位同学数学能力也很强，我们时常讨论问题，而他往往能想出和我不一样的解题思路。我们两个人都挺争强好胜，在互相的比拼中，最后每个人都收获颇丰。

追梦者

庾金泓

学海拾贝

预习是一个特别好的习惯，它可以提高你的学习效率，培养自主学习能力，当课堂上老师讲授相关知识时，对别人而言是新的知识，但对你而言已经是第二遍了，掌握了的知识加深印象，起到巩固作用，重点和难点则可以做到心中有数，从容不迫。

在初中部，我的成绩并非名列前茅，这与我当时无法完全集中注意力有很大关系，乃至到了高中，这种情况也常常存在。我认为自己是带点强迫症的，我能盯着一个晦暗不明的词语思考半天，能在上台展示时因为少说一种解题方法而懊悔不已，能在听课时因为忘记前面的东西而顾此失彼，种种此类都降低了我的学习效率。后来，每当我要陷入内耗时，我都提醒自己别去想，并试着做其他的事来分散自己的注意力。

初中内容相对简单，记忆性知识偏多，不用花费太多时间学习也能取得好的成绩。高中知识则偏向理解，有些内容难度不小；因此很多人升学后因为没有适应这样一种思维方式的转变，导致高中的学习相当吃力。这里，我的建议是像我一样提早了解，提早准备。

初三中考后的暑假，是我沉淀的时期，关于我为什么突然在这个时候开窍，和一笔学费有关。总而言之，在那个夏天我购买了大量参考书籍，每天设定6—8小时的学习时间，在入学前基本消化完毕。正因为领先别人一步，我毫无意外地在高一第一次月考中拿下第一，之后又得到老师的鼓励，我的自信心慢慢树立起来，学习的动力也持续不竭。

很明显，我在这里想要提到的就是要学会预习，我始终觉得预习是一个特别好的习惯，它可以提高你的学习效率，培养自主学习能力，当课堂上老师讲授相关知识时，对别人而言是新的知识，但对你而言已经是第二遍了，掌握了的知识加深印象，起到巩固作用，重点和难点则可以做到心中有数，从容不迫。

预习的习惯进一步发展，就可以称之为自学了，自学是一种很重要的能力。自学意味着学习者能够主动、独立地获取新知识，解决新问题，这是一种对自我成长的高度负责和积极追求，而且这种能力会伴随我们一生。

培养自学能力，需要我们有强烈的求知欲和自我驱动力，还要具备良好的自我约束能力和时间管理能力。在这个信息爆炸的时代，自学能力显得尤为重要，只有这样，才能跟上时代的步伐，实现自我价值。正是因为具有这种能力，本科机械的我在后来的金融专业课学习中才能排除万难，坚持到底。

上课认真听讲，课外多加复习，这是取得好成绩的基本方法。题海战术仍然重要，对题型的敏感度是练出来的。有的时候并不是人有多聪明，而是题做得多，再遇到便熟能生巧了。当你能够独立解决一些难题，你将获得无与伦比的满足感，提振自身的自信心。

另一个相对重要的学习方法是要学会收集错题并时常回顾。收集错题，实际是一个对自我学习过程进行审视和反思的过程，意味着在某个知识点上存在不足。通过将这些错题收集起来，我们能清晰地看到自己在哪方面需要改进，从而更加有针对性地分配时间。同样，回顾的方式可以加深我们对错误原因的理解，巩固所学知识，形成更加扎实的知识体系。当下一次我们看到相似问题并正确解答时，就会有一种积极的心理体验，从而取得更好的学习效果。

假期是用来超越的，这话不假。我们多数人都知道这样的道理，也知道这么做的重要性，却往往难以付诸行动。我想归根结底，还是因为自己没有一个非常渴望的目标，缺乏动力。但是，若不能拥有主动学习的能力，即使进了好大学，你也无法脱颖而出。因此，只有知道自己想要什么，想变成什么样的人，才会获得支撑人不断前行的深层动力。

进入高中，大家都或多或少明白高考的意义，因此显得格外努力。但是，我也见过一些非常努力但成绩不理想的同学。有的是因为学习方法上存在问题，他们过于机械地记忆知识，缺乏理解和应用的能力；有的缺乏有效的学习计划或时间管理，效率低下，学习效果不佳。每个人的学习之路是不同的，没有固定的成功模式，需要我们探索适合自己的学习方法，制定自己的学习计划，管理好自己的学习时间，最后找到属于自己的成功之路。

高中生活到了后期，已经不仅仅是知识的比拼了。这个时候大家经过几轮复习，对知识的理解掌握程度相差不多了，更多拼的是一个良好的心态。这个阶段我们面临着学业的压力，还有来自家庭和老师的期望，容易产生焦躁情绪。然而正是这样的时刻，积极、稳定的心态才显得尤为重要。不因一时的挫败而气馁，不因短暂的领先而自满，平和地对待每一场考试。同时，我们要学会调整自己的情绪，心态是影响学习成绩的重要因素，有的时候过于焦虑紧张都会导致我们发挥不出自己的真实水平，留下无法弥补的遗憾。

我给学弟学妹们说要保持一个好的心态，最后自己却没能做好。回想起来，还是太过于注重结果，种种思虑徘徊在脑间挥之不去。任何考试，都不应抱有太大包袱，过度的压力和想法会影响我们的表现，让我们失去应有的水平，轻装上阵才是良策。

高中的学习生活比较累，需要劳逸结合，锻炼好自己的身体。学校有一个大操场，操场旁边是一个篮球场，我那拙劣的篮球技术便是在这里习得的，每次上体育课，我都会和朋友一块去打篮球，我打得不好，却也能在这项运动中自得其乐。

学校也明白一个健康身体的重要性，给我们安排了早操和课间操。早上大家往往来得比较早，就会拿出写满英语单词的小本本低声背诵。到底是时间珍贵，大家都不愿意浪费这一分一秒。阳光洒在他们身上，形成一道道温暖的光影，与努力的他们相伴相随。

除了学习、运动之外，千万不要忽视交流的重要性。人是群居动物，人是社会关系的总和。之前我一直认为，孤独是最好的交际，这话显然不适合大部分人。人不说话会憋得慌，时间久了会压抑烦躁，焦虑迷茫。如果一些坏的情绪堆积，很容易出现心理问题。此时，与同学们、老师们或家人交流，分享自己的感受，倾听他们的建议，往往能够帮助我们找到问题的症结所在，从而有效清除不良情绪。

正是因为具有上述所提到的一些学习习惯、学习品质、学习方法，我才能够一直取得较好的学习成绩，当然每个人成功的方法不完全一致，关键在于探索适合自己的成功道路。

读书没有捷径可走

易雪晴

学海拾贝

我认为令我受益匪浅的一个学习方法是建立错题本。与其说是单纯的错题记录，不如说它是我对自己遗漏与薄弱知识点的一个深入整理与总结。这种方法不仅高效，而且极具针对性，它帮助我精准地找到并集中注意力于自身的不足之处。

我的学习方法是在展辉这六年中，在各位老师的指导下逐渐摸索出来的。当然，这并不是什么神奇的秘诀，因为我深知读书并没有捷径可走，只有通过大量的努力和付出，将所学的知识反复练习，才能真正掌握。在这里，我想分享一下在展辉的六年里，我学习的一些经验和体会，希望能对大家有所启发和参考。

对我而言，最朴素的学习方法，其实就是勤奋。中学的知识体系看似繁杂，但翻来覆去，其本质不过是记忆与理解的巧妙结合。对于需要背记与积累的科目，如语文和英语，我深知只有通过不懈的努力，反复地背记与复习，才能将这些知识点深深烙印在脑海中。我相信，只要勤奋地背记，自然会有足够的积累与记忆，在做题之时能够迅速而准确地找到知识点对应的记忆。而对于需要深入理解的科目，如数学与理化生，我更是深知勤奋的重要性。面对那些难以理解的问题，我从不轻易放弃，而是选择反复刷题，通过大量的练习和不断地试错，逐渐摸索出其中的规律。同时，我也会积极寻求他人的帮助，通过借鉴别人的解法和阐释，领悟到知识的应用，从而让自己对这些问题有更深入的理解。自从树立了学习目标之后，我从未松懈过。每日我都会为自己制定详细的学习计划，尽可能多地记忆与理解课本内外的知识点。当别人在嬉笑打闹之时，我往往会选择多做一套试卷，巩固自己的知识。即使是在别人放松的假期里，我也会选择去空荡的教室中自习，让自己沉浸在知识的海洋里。我深知，人与人之间的天赋确实存在差异，但大多数人的努力程度还远远没有达到需要拼天赋的地步。因此，即使我的成绩经常高居榜首，我也从未骄傲自满，反而更加努力地成为班级里最勤奋的那一个。我坚信，只有通过不懈的努力和勤奋的付出，才能取得真正的成功。这份勤奋不仅让我在学业上取得了优异的成绩，更让我在人生的道路上受益匪浅。它让我学会了坚持，让我有了毅力，让我在面对困难和挑战时能够迎难而上，不断突破自己。

同时，我认为令我受益匪浅的一个学习方法是建立错题本。与其说是单纯的错题记录，不如说它是我对自己遗漏与薄弱知识点的一个深入整理与总结。这种方法不仅高效，而且极具针对性，它帮助我精准地找到并集中注意力于自身的不足之处。每次考试结束或完成相关练习后，我都会认真地审视自己的错题，将每一个薄弱点都工整地记录在错题本上。我习惯于按照知识点的主题进行分类，相同的主题放在一起，这样便于后续的复习和查找。记录时，我会详细写下错误的原因、正确的解题步骤以及需要注意的要点，这样可以帮助我更深入地理解错题，避免再犯同样的错误。然而，仅仅建立错题本而不进行反复的回顾和练习是远远不够的。错题本的价值在于它能够帮助我进行有针对性的刻意练习。每次复习时，我都会翻开错题本，快速回顾之前的薄弱处，并找到相关的练习题进行巩固。通过不断地重复练习，我逐渐克服了这些难点，使自己的知识储备更加完善。我还发现错题本在备考时特别有用。在临近考试的时候，我会重点复习错题本上的内容，这样可以确保自己不会再次在同样的地方失分。这种有针对性的复习方式不仅提高了我的复习效率，也增强了我的信心。

另外，我坚信学习从来不是一个人的孤军奋战，而是一个团队协同作战的过程。学习氛围的营造至关重要，它就像肥沃的土壤，滋养着我们的求知欲和探索欲。在初中和高中时期，我所在的班级始终弥漫着浓厚的学习氛围。同学们彼此鼓励、相互扶持，形成了一个紧密的学习共同体。在这个团队中，我不仅是知识的接受者，也是知识的传播者。每当同学遇到难题时，我都会尽我所能为他们答疑解惑，通过分享我的解题思路和方法，帮助他们找到问题的突破口。同样，我也会从他们的解题思路中汲取灵感，学习从不同的视角去理解问题，这让我对知识点有了更深入、更全面的认识。此外，我们班级还非常注重学习资料的共享。通过共享笔记、试卷、学习心得等资源，我们实现了用最小的成本获得最多的知识的效果。这种资源共享的方式不仅提高了我们的学习效率，也让我们在分享中收获了友谊和成长。在遇到疑难点时，我们也不忘及时向老师请教。老师们的耐心解答和悉心指导，极大地减少了我们遇到挫折的可能性，也让我们在学习道路上更加坚定和自信。因此，我始终认为学习不能单枪匹马，应当团队作战。在团队中，我们共同面对挑战，共享成功的喜悦，也一起承担失败的苦涩。这种团队合作的学习方式不仅提高了我们的学习效率，也让我们在相互学习和交流中不断成长和进步。

决战高考，小镇如何做题家？

杨晨熙

学海拾贝

对于小镇学生们而言，究竟如何才能打破内卷对于自身学习训练乃至考试状态的影响呢？我认为主要在于打破信息差。在我看来，我在高考中能取得些许成绩，最为关键的还是和老师、同学并肩作战，努力打破信息差这一学习策略与技巧。

2021年，衡水中学一位同学在《超级演说家》中关于《小小的世界大大的你》的演讲，在网络上引发了热议。其中，这位同学所述的“我就是一只来自乡下的土猪，也要立志去拱了大城市的白菜”最惹争议。对此，有人评价其“歇斯底里，似被衡水中学开发的衡水模式洗脑”，也有人认为其“为梦想拼尽全力，这才是‘中国教育应该达到的目的’”……

批判或肯定，众说纷纭。有关这位同学的具体演讲心境与表达意图，在主观情绪横行与客观事实陈杂的现在，我已无从考证，但这件事却引发了我对教育“内卷”的一些思考。

“内卷”这个词语，在农业社会中用来描述土地的过度使用和资源的不合理分配，导致了农业产出的减少。针对很多被认为“无效竞争”的教育现象，有网友引入农业中“内卷”这一概念来描述教育市场中的激烈竞争，尤其是指学生们为了考入名校而进行的无休止的学习和考试这种现象。这些竞争往往导致个体的心理压力增大，生活品质下降，乃至教育整体效率的低下。

近年来，我们也能从一些教育政策和教育改革中感受到决策部门针对教育内卷现象的改变。但是，像我这样出自小镇“超级中学”的学生，依然摆脱不了内卷带来的压力。身处偏远小镇，尽管母校在教育教学方面已经相对先进，但是，与全国发达地区相比，我们的学习资源还是相对匮乏的，大部分学生只能通过参与联考、不断刷题来把握命题的走向，提升自身成绩。

经过不断刷题突破高考重围后，我常常在想，对于小镇学生们而言，究竟如何才能打破内卷对于自身学习训练乃至考试状态的影响呢？我认为主要在于打破信息差。在我看来，我在高考中能取得些许成绩，最为关键的还是和老师、同学并肩作战，努力打破信息差这一学习策略与技巧。

要打破信息差，首先需要积极行动起来，将其他竞争者能够接触到的优质资源和前沿信息，通过易于获取、高效且实用的方式，转化为我们自己能够利用的资源。这些资源包括：全国各地的高质量联考试题；各地名校的内部试题；网络和市面上可替代笔记功能的知识点资料；线上讲解高难度解题技巧的视频和讲义；往年各地的高考题目；其他地区实力派学校学生对高考的看法；与大学内容衔接的教材部分；“学霸”同学掌握的特殊解题技巧；权威网络账号对模拟题和高考试题命题思路的解读；等等。

这些资源可以通过多种途径获取，如微信公众号、网络云盘、微信 QQ 资料群，或通过老师、同学以及 B 站等短视频平台，甚至是答疑群、知乎、贴吧等社交平台。幸运的是，这些易于获取且高效的资源可以很好地融入我们的学习计划，例如：将试题卷作为个人和班级能力训练的趣味作业；将解题技巧作为班会时光分享的经验；定期在班级内开展命题风向分析小班会；邀请优秀同学在课堂剩余时间分享扩展知识点；等等。

通过这些方法，我们不仅能够提升自己的学习效率和考试竞争力，还能摆脱区域教育环境的固有束缚，在更广阔的真实世界中拥抱属于我们的更大可能性。

需要注意的是，打破信息差绝对不是靠天吃饭。小镇学生若想真正通过高考实现理想，首先需要认识到教育内卷的本质，其次需要明确自身的定位，然后与老师、学校一道制定周密的计划，付出智慧的汗水，坚定走出内卷囚笼的决心，才有成为一名成功的“小镇做题家”的可能。

探索求知的征程

唐家钰

学海拾贝

在学习的征程中，良好的学习习惯是取得成功的关键之一。首先，制定合理的学习计划至关重要。通过合理规划每天的学习时间，可以更好地安排学习任务，提高学习效率。

时光如白驹过隙，岁月的涟漪中铺陈着我们求学之路的精彩。回首往昔，初入展辉学校，那是一个充满憧憬和好奇心的时刻。在学海中扬帆起航，我们承载着家人的期望，怀揣着自己的梦想，踏上了求知之旅。学海，如同一片辽阔的蓝色领域，充满了无尽的可能性和挑战。而“让生命展辉”，不仅仅是一个口号，更是我们对知识的渴望，对未来的探索，以及对自己成长的坚定信念。

在这段学习经历中，我深刻体会到学习的重要性和意义。学习不仅仅是获取知识，更是一种提升自我的过程，是一种积累经验、磨炼意志的过程。通过不断学习，我不仅提高了自己的学业水平，还培养了自己的自律能力、解决问题的能力和团队合作意识。这些都是我在学习过程中所获得的宝贵财富，将伴随我一生。

我深信，无论面对怎样的挑战和困难，只要保持坚定的信念，不断努力学习，就一定能够迎接未来的挑战，创造属于自己的辉煌。愿我们每一个学子，在学习的道路上砥砺前行，不断超越自我，书写出更加精彩的人生篇章！

学习优势

在学习的征程中，良好的学习习惯是取得成功的关键之一。首先，制定合理的学习计划至关重要。通过合理规划每天的学习时间，可以更好地安排学习任务，提高学习效率。同时，良好的时间管理也是必不可少的。合理安排时间，做到有计划地学习和休息，避免拖延和浪费时间，有助于保持学习的连贯性和高效性。

此外，优秀的学习品质对于学习者的发展至关重要。学习态度和毅力是其中最为重要的品质之一。拥有积极主动的学习态度，能够坚持不懈地追求知识，不断克服困难，是取得学习成功的关键。同时，毅力和耐心也是必不可少的品质。面对学习中的挑战和困难时，保持坚韧不拔的毅力，能够帮助我们克服困难，坚持到最后，取得更大的进步和成就。

最后，高效的学习方法也是提高学习效果的重要保障。不同学科有不同的学习方法和技巧，因此我们需要根据具体情况采用合适的学习方法。例如，对于数学和理科类课程，需要注重练习和实践，掌握解题技巧；而对于文科类课程，则需要注重阅读和思考，培养分析和表达能力。同时，要根据自己的学习特点和需求，不断总结和调整学习方法，找到适合自己的学习方式，提高学习效率。

综上，良好的学习习惯、优秀的学习品质和高效的学习方法是学习过程中的重要优势，它们能够帮助我们更好地应对学习挑战，取得更好的学业成绩，实现个人成长和发展的目标。因此，我们应该不断培养和强化这些优势，不断完善自己，迎接未来的挑战。

学习心得与体会

在漫长的学习旅程中，我体会到了学习的收获和成长。首先，学习不仅仅是为了取得好成绩，更是一种自我认知和理解世界的途径。通过学习，我不断发现自己的潜能和兴趣所在，不断拓宽自己的知识面和视野，逐渐明确了自己的人生目标和方向。

其次，学习是一种持续不断地积累和提升过程。在学习的道路上，我们需要持之以恒，不断努力，才能取得进步和成就。“知识改变命运，学习成就未来。”只有坚持不懈地学习，不断提升自己的能力和素养，才能迎接未来的挑战，实现自己的人生理想。

另外，学习也是一种与他人交流和分享的过程。在学习的过程中，我和同学们相互学习、相互帮助、共同进步，形成了良好的学习氛围和团队合作精神。在老师的指导和帮助下，我不仅学到了知识，更收获了友谊，对此我充满感激之情。

总的来说，学习是一种全面发展的过程，不仅关乎学业成绩，更关乎个人的成长和素养。通过学习，我们可以不断提升自己，不断丰富自己的人生，实现自己的梦想和价值。因此，我们应该珍惜学习的机会，努力学习，不断进步，共同创造美好的未来。

我的几点学习经验

朱书群

学海拾贝

在学习过程中，我始终保持着一种好奇心和求知欲。每当遇到不懂的问题时，我都会勇敢地向老师或同学请教。我相信，只有不断提问、不断探索，才能真正掌握知识的精髓。在问问题的过程中，我不仅得到了答案，更收获了思维的碰撞和智慧的火花。这种勤于问问题的态度，让我在学习上更加主动和深入。

在人生的长河中，每个人都是自己命运的舵手，而我如今能够站在清华大学的校园里回望过去，心中充满了感慨与感激。这段旅程，不仅是对知识的追求，更是对自我挑战与超越的见证。今天，我想借此机会，与大家分享一些我在学习路上积累的经验，希望能为正在奋斗的你提供一些启示和动力。

认真听讲是获取知识的第一道门。在学习的征途中，课堂永远是获取新知的主战场。我深知，每一堂课都是老师们精心准备的智慧结晶，因此，我始终保持着高度的专注力，认真聆听老师的讲解。无论是基础知识的梳理，还是难题的解析，我都力求做到字字入心，句句在耳。同时，我也学会了如何有效记录课堂笔记，不仅记录下老师讲的重点和难点，还会在笔记旁附上自己的理解和思考，这样的习惯让我在课后复习时事半功倍。

做好笔记是积累知识的宝库。笔记，是我学习过程中的得力助手。我习惯使用不同颜色的笔来区分不同的内容，比如用蓝色笔记录老师讲解的知识点，用红色笔标注自己的疑问和感悟。这样，当我再次翻阅笔记时，就能迅速捕捉到关键信息，提高学习效率。此外，我还会定期整理笔记，将相关的知识点串联起来，形成自己的知识网络。这个过程虽然耗时，但它让我对知识的理解和记忆更加深刻。

课前预习是主动学习的开始。课前预习是我一直坚持的学习习惯。在上课之前，我会提前阅读教材，了解本节课的基本内容和重点难点。这样，在课堂上我就能更加主动地参与到学习中去，紧跟老师的思路，及时提出自己的疑问和见解。预习不仅让我在课堂上更加游刃有余，还培养了我自主学习的能力，为我的长远发展打下了坚实的基础。

错题总结是助力成长的阶梯。面对错误和失败，我从未选择逃避。相反，我把它们视为成长的宝贵财富。每次考试或练习后，我都会认真总结错题，分析错误原因，并找到相应的解决策略。我会将错题整理成册，定期回顾，确保自己不再犯同样的错误。同时，我也会通过请教老师、与同学讨论等方式，加深对错题的理解和掌握。这种错题总结的习惯，让我在学习上不断取得进步，逐步提升自己的学科素养。

勤于问问题，碰撞智慧的火花。在学习过程中，我始终保持着一种好奇心和求知欲。每当遇到不懂的问题时，我都会勇敢地向老师或同学请教。我相信，只有不断提问、不断探索，才能真正掌握知识的精髓。在问问题的过程中，我不仅得到了答案，更收获了思维的碰撞和智慧的火花。这种勤于问问题的态度，让我在学习上更加主动和深入。

回顾自己的求学之路，我深感庆幸和自豪。我庆幸自己能够在展辉学校遇到那么多优秀的老师和同学，他们在我成长的道路上给予了我无尽的帮助和支持；我自豪自己能够凭借不懈的努力和坚定的信念，最终实现自己的梦想。在此，我想对所有正在奋斗的学弟、学妹们说：请相信自己的潜力和能力，勇敢地向前迈出步伐吧！无论未来的道路多么崎岖和艰难，只要我们保持一颗坚韧不拔的心和一份持之以恒的努力，就一定能够在学习上创造出属于自己的辉煌篇章！

“小镇做题家”的快乐学习之旅

袁　峰

学海拾贝

我制定了粗略的学习计划，包括每日和每周的大致安排。我按科目分配学习时间，确保数学、物理、化学等每个科目都能得到平衡的复习。通过使用时间管理工具，确保按计划进行，同时也留有空间对计划进行调整以适应实际情况。

作为武冈市展辉学校的一员，我自豪地称自己为“小镇做题家”。在外人看来，我们的学习资源可能有限，活动可能不多，但这并不影响我们对知识的追求和对学习的热爱。我的学习旅程充满了快乐和挑战，我在这里找到了属于自己的节奏和快乐。

自主学习与批判性思维

我的学习之路总是伴随着乐观和创新的态度。面对学习中的挑战，我总是力求保持积极的心态。例如，在准备数学竞赛的过程中，我遇到了一道复杂的几何题，刚开始真的让我头痛不已。但我没有选择放弃，而是决定换个角度思考问题，甚至课间休息时也在脑海中尝试不同的解题路径。当我终于解开这个疑团时，那种突破困境的喜悦和成就感让我难以忘怀。这次经历深刻地教会了我保持乐观不仅能帮助我们克服挑战，更能在挑战中发现乐趣。

为了让学习更加有趣，我经常寻找创新的记忆方法。比如在学习英语时，我会把单词和短语编织成有趣的小故事，这样不仅帮助我更好地记忆，还让学习过程变得更加生动有趣。在语文学习中，我则将不同的诗句想象成各种独特的场景，这样做不仅让我轻松记住它们的内容和意境，也极大地增强了我的学习兴趣。通过这种将学习内化为乐趣的方式，使我自主地探索学习的路径。不仅学到了知识，更学会了如何学习，如何思考，如何独立面对将来的学术挑战和生活选择。

培养批判性思维的最终目的是为学生未来的学术研究和职业生涯打下坚实基础。在快速变化的现代社会，拥有批判性思维的个体能够更好地适应环境变化，做出合理的判断和决策。例如，当我在数学学习中遇到一个新的定理时，我不会立即接受它作为事实，而是会尝试从已知的公理出发，一步步通过逻辑推导来验证这个定理。这种方法不仅加深了我的理解，也让我能够独立评估数学理论的正确性和适用性。这种批判性的学习方法对我理解复杂问题和解决实际问题具有重要意义。通过这种深层次的思考，我养成了不仅问“这是什么”，还要问“为什么是这样”和“如何证明这是正确的”的习惯。这样的质疑和验证过程使我在学习中更加主动，能够对所学知识进行深入分析和批判。

在职业生涯中，这种批判性思维同样至关重要。在面对工作中的各种挑战和决策时，能够独立思考和批判性分析各种方案的优劣，对于选择最佳解决方案极为重要。例如，在工程设计中，评估不同材料的性能或在市场营销中分析消费者行为时，批判性思维能帮助我避免盲目跟从传统方法，而是能够基于数据和科学原理做出更加合理的选择。

注重过程的学习方法

在我为考入清华大学而奋斗的过程中，我遵循了一些关键的学习方法，这些方法帮助我有效地实现了我的目标。

明确的目标设定：从一开始，我就给自己设定了一个非常清晰的目标——考入清华大学。这不仅是一个学习目标，更是对自己的挑战和承诺。每当遇到学习疲惫或感到挫败时，我都会思考这个终极目标，想象自己走在清华校园的情景，这种想象力极大地激发了我的动力和学习热情。这个过程让我明白了坚持和自我激励的重要性，也让我意识到目标的力量。

有效的时间管理：我制定了粗略的学习计划，包括每日和每周的大致安排。我按科目分配学习时间，确保数学、物理、化学等每个科目都能得到平衡的复习。通过使用时间管理工具，确保按计划进行，同时也留有空间对计划进行调整以适应实际情况。此外，设定短期和长期目标帮助我监控进度，并在必要时进行策略调整。

深入理解而非死记硬背：在学习每个科目时，我注重理解其核心概念和原理，而非仅仅记忆事实和公式。例如，我在学习每门科目时都尽量深入理解其核心概念和原理。例如，在数学学习中，我不仅仅记住公式，更重要的是理解这些公式的推导过程和它们如何适用于不同的问题。这种方法让我在遇到复杂问题时能够灵活应用知识，也提高了我的解题效率。

积极参与课堂讨论和问题解决：在课堂上，我总是积极提问和参与讨论。这不仅帮助我加深了对理论的理解，还锻炼了我的表达和沟通技能。通过与同学和老师的互动，我能够从不同的视角看问题，这对培养我的批判性思维和问题解决能力非常有帮助。

健康的生活习惯：保持良好的生活习惯对于高效学习至关重要。充足的睡眠、均衡的饮食以及适量的体育活动，这些都帮助我保持了良好的身体和心理状态。

集体智慧的学习环境

我们的老师虽然传承着传统的教育理念，但他们在教学方法上非常创新。他们会用生活中的例子来解释抽象的知识点，使得复杂的理论变得易于理解。陈老师，我的物理老师，以其独特的教学方式在我心中留下了深刻的印象。他的课程从不仅仅局限于传统课本的内容，而是将物理学的基本原理与现实世界的现象联系起来，极大地激发了我们对物理世界的好奇心和探索欲。

在陈老师的课上，我们不只是学习公式和理论，更重要的是学会了如何将这些知识应用到实际问题中。例如，他会用日常生活中的例子来解释复杂的物理概念，如利用打篮球的动作来讲解抛体运动的轨迹，或通过自行车轮的旋转来解释角动量守恒。这种方法不仅使抽象的物理理论变得直观易懂，也让我们能够更深入地理解物理定律的实际意义。

陈老师还特别重视培养我们的科学探究能力。他经常组织一些小规模的实验活动，让学生们亲自动手，通过实验来验证理论。这种实践中的学习方式让我们的学习不再是被动接受，而是主动探索。每当实验结果与预期不符时，陈老师就会引导我们分析原因，思考可能的解释，这一过程极大地锻炼了我们的问题解决能力和批判性思维。

更为重要的是，陈老师常常引导我们去探讨物理现象背后的更深层次原理。他鼓励我们提出问题，并指导我们如何通过科学方法去寻找答案。在他的引导下，我们学会了不满足于表面的解释，而是深入探究原理的本质。这种学习方式极大地激发了我们对科学的热情，也培养了我们持续学习和探索未知的能力。

通过陈老师的教学，物理不再是一门需要死记硬背的科目，而是一种探索世界、解释现象、解决问题的工具。这些教学经历不仅在学术上对我产生了深远的影响，更在心灵深处激发了我对物理学乃至整个自然科学领域的持续兴趣和敬畏之情。

结语

我的学习之旅证明了一件事：环境虽然简朴，但只要心中有追求，就能找到属于自己的快乐和成就。在这个小镇，我用我的勤奋和创新，在有限的条件下创造了无限的可能。我感谢我的老师和同学们，在这条学习之路上给予我的帮助和支持。这段经历让我明白，真正的学习不仅仅是为了知识的积累，更是为了个人的成长和梦想的追求。无论将来我走到哪里，这段“小镇做题家”的快乐学习之旅，都将是我最宝贵的回忆和力量源泉。

双语学法指导：兴趣、方法、坚持

林小文

学海拾贝

方法也只有能够养成习惯，才是真正适合自己、可以给学习带来正反馈的。从方法养成习惯的过程，需要理智的选择，更需要坚持。而真正支撑着我们践行学习方法、坚持良好习惯的内在动力，我认为是兴趣。所以我想跟学弟学妹们分享的有关学习的经验，简单来说就是：兴趣、方法和坚持。

中学阶段学习对我来说比较困难的阶段是高二后期和整个高三，那段时间，我多个科目暴雷但又时间紧迫、自己难以放平心态，投入了时间精力但迟迟看不到回馈。当然这主要是我学习上的沉疴终于掩盖不住，加上心态失衡导致的。初中三年里，相比于学习方法，我觉得养成良好的学习习惯对我来说更重要，比如阅读的习惯，预习的习惯，有条理、分主次地记笔记的习惯，课堂上专心致志、和老师互动的习惯等。到了高中阶段，学科难度大了不少，再根据不同科目的特点和自己的实际情况摸索一些具体点的方法，比如阅读之后要摘抄积累、经常回顾错题等。其实无论何种方法也只有能够养成习惯，才是真正适合自己的，才能够给学习带来正反馈。将方法养成习惯的过程，需要理智的选择，更需要坚持。而真正支撑着我们践行学习方法、坚持良好习惯的内在动力，我认为是兴趣。所以我想跟学弟学妹们分享的学习经验，简单来说就是：兴趣、方法和坚持。当然这主要是我个人经历的总结，并不适用于所有人，也希望大家不要偏听。

我想拿我比较感兴趣，相对来说也比较擅长的双语学科来举例子。兴趣对我们的学习有什么影响呢？我认为，有没有兴趣决定了我们的学习是需要消耗精力，还是有内生动力；也决定了我们对某一学科是阶段性学习还是终身学习。我对语文或者说文学的兴趣可以追溯到很早，这份兴趣支持着我即使在觉得学习最困难的高三阶段也能自发地、相对轻松地学习语文，也让我一直保持着阅读的习惯。那我们的兴趣从何而来？就语言学科来说，我觉得首先是阅读。学生的阅历有限，而阅读可以让我们超越时空的局限，了解不同时代背景、不同社会阶层人士的所见所闻、所思所想。

其次，教师也是能激发学生学习兴趣的重要因素，因为课堂本就是能集中展现学科魅力的地方。还是拿我来说，我中小学阶段都碰到了非常优秀的语文老师，小学老师会教我们用谐音记秦灭六国的顺序；初中语文吴昌钊老师为了提升我们的作文水平，鼓励我们多看书，他给我推荐了《平凡的世界》，由此我发现我对现实主义的长篇小说很感兴趣；高中的语文老师更是汲取课本的精华而又不拘泥于课本，刘龙玉老师教学深入浅出，把文言文字词讲解得生动有趣，是激发我对汉语言文学兴趣的启蒙导师，小明老师的语文课教会我联想与想象的思维方法，到高三天天考之前，语文课一直是我最期待的课程，当然天天考之后各科都有讲不完的卷子，所以我一视同仁了。英语也是这样，初中时期教我英语的是曾晖梅老师，我们叫她曾妈妈。虽然我从三年级开始上英语课，但毫不夸张地说我到初中才初学英语。曾妈妈花了很长时间教我们音标，给我打下科学的口语基础；她的课干货很多，轻松有趣，一直给我留下学英语很简单的印象。高一我的英语老师是郭世良老师，我为他纯正的口语和飘逸的书法所折服，整个高一一年我疯狂练口语、练写字、刷题，攒下了高三差点被“吃”穿的老本。

然后是双语的学习方法。在有限的篇幅里值得一提的，我认为是分类型刷题。这个方法对于我这种文学素养并不深厚的同学尤其适用，因为语文和英语是两门考试题型和课堂所学知识直接关系不大但又自成体系的学科，所以需要在课堂之外付出努力，也更容易通过对题目本身的积累和把握提高成绩。分类型刷题的关键，一是一段时间——比如以月为单位——专攻一个题型，二是在刷题的同时注重知识和技巧的积累。拿我自己的实践经验来说，我高一一个学期沉迷于星火英语系列的阅读理解题型，每天坚持做 2—4 篇，从基础到进阶，所以直到高三“荒废”英语之前成绩都很好；高二、高三坚持刷各类语文题型，最后高考超常发挥，把自己吓了一跳。

方法之后要说的就是坚持，能否坚持取决于我们的勤奋、毅力，到高三时期，更取决于心态。相信在这方面，每个过来人都会有独特的故事和体会。就我来说，我学得最开心的时候，是为了学而学，眼里只有自己的时候；最累的时候是重视分数大于实际收获、纠结排名的时候。只是怎么调整好自己的心态，健康、平和地学习，对很多同学来说都不是容易的事，需要我们在学习的过程中去摸索和体会。

学习没有独门秘籍

刘雨欣

学海拾贝

学而不思则罔，思而不学则殆。对于中学阶段的学习，我深深体会到，仅仅学习知识而不付诸实践是空洞的，而仅仅做题却不去深入学习则可能使人陷入迷茫。在学习知识的基础上，必须结合大量的做题实践，这样才能真正掌握知识，提升解题能力。

对我而言，其实并不存在所谓的“独门秘籍”或特殊的学习方法。我更多的是在展辉中学这段时光里，逐渐养成了一些良好的学习习惯与积极的学习心态。这些习惯与心态贯穿了我的整个学习生涯，它们成为我学习道路上不可或缺的指南。

其中最核心的习惯，就是我会主动制定学习计划，并根据计划去合理分配自己的自由学习时间。这样的做法让我能够有针对性地突破自己的薄弱环节，并在不断地实践中提高自己。用现在流行的 MBTI 人格类型来说，我无疑是一个典型的“J”型人，即计划型人格。从中学时代起，我就养成了这一习惯。每学期开始前，我都会为自己准备一个小本本，作为该学期的计划本。每天晚自习即将结束时，我就会拿出这个小本本，开始规划明天的学习目标。无论是课内的作业，还是课外的拓展学习，我都会一一列出，确保自己能够按照计划有条不紊地进行。特别是在备战高考的那段日子里，我更是将计划本发挥到了极致。我将其设计成了一个类似游戏中战斗属性的表格，每门科目都有对应的板块和属性。每次考试后，我都会根据成绩更新这个表格，从而清晰地知道自己的薄弱点在哪里，进而能够更有针对性地进行复习和提高。我强烈建议正在备战高考的同学们，可以买一本当年度的高考考纲。这本考纲就像是学习路上的“地图”，它可以帮助你清晰地了解考试的内容和范围，从而更加精准地进行备考。我记得当年高考英语中出现了一个生僻词汇，但因为我之前仔细翻阅过考纲，所以对它并不陌生，轻松解决了这个难题。时至今日，我仍然保持着制定计划并主动推行的行事准则。这一习惯不仅让我在学习上受益匪浅，更让我在工作和生活中都能够有条不紊地前行。

而在学习具体的知识时，我习惯运用清晰的思维导图来整理知识模块与学习思路。这不仅有助于我系统地掌握知识，还能使我在学习过程中保持清晰的思维脉络。每次准备考试前，我都会打开对应教科书的目录，仔细研读大标题与小标题，然后逐个延伸到具体的知识点。我会将每个知识点都详尽地记录下来，包括具体的公式、定理以及它们的推导过程。更进一步，我还会将这些知识点与实际的出题形式联系起来，思考它们可能以何种方式出现在试卷上。通过这种方式，我能够清晰地把握自己在过去的一段时间内所学习到的知识，并形成一个完整的知识体系。当我在考试中遇到问题时，我可以迅速通过思维导图理解题目的用意，明确题目想要考查的知识点。同时，我也能够回想起过去做过的相似题目的经验，从而更加准确地解答问题。实际上，这种思维导图的方法与上面提到的根据考纲查漏补缺是相辅相成的。我会在思维导图的基础上，结合实际的做题经验，进一步整理题目的出题思路，加深对知识点的理解和应用。这样，我不仅能够牢固掌握基础知识，还能够灵活运用这些知识解决实际问题。因此我认为，做思维导图是一个很好的打基础的方式。如果能够将一个模块的思维导图完整地呈现出来，那么基本上也就理解了教科书想要表达的核心内容。这样，无论是面对难题还是怪题，我都能够游刃有余地应对。而这种将大问题拆解与组合，并逐步击破的方法，不仅仅适用于学习，更能够应用于解决各种困难的问题。如今，在我的工作和生活中，也经常使用这一方法来完成大的项目。通过思维导图，我能够清晰地把握项目的整体框架和各个环节的联系，从而更加高效地推进工作。

学而不思则罔，思而不学则殆。对于中学阶段的学习，我深深体会到，仅仅学习知识而不付诸实践是空洞的，而仅仅做题却不去深入学习则可能使人陷入迷茫。在学习知识的基础上，必须结合大量的做题实践，这样才能真正掌握知识，提升解题能力。做题不仅仅是一种模拟考试的手段，更是一种深化理解和巩固知识的手段。通过做题，我们可以将所学知识应用到实际问题中，检验自己的掌握程度，发现不足并及时进行弥补。对于我们这些来自小镇的学生来说，做题确实是一种快速弥补与大城市学生知识理解差距的有效方式。在初中时期，我除了完成学校布置的课内作业外，还会主动寻找一些额外的试题来练习，比如海淀试卷等。这些试题不仅帮助我巩固了课堂知识，还让我接触到了更多不同类型的题目，拓宽了我的视野。到了高中阶段，学习压力逐渐增大，课内的练习与试卷也变得更加密集。但即使如此，我仍然坚持做大量的额外试题。我和朋友们最喜欢在体育课或晚自习后去校内的书店逛逛，看看有没有什么新鲜的试题集或辅导资料。每逢放月假，我们也会相约去市中心的大书店，挑选一些高质量的试题集，带回家进行练习。通过大量的做题和阅读，我逐渐弥补了与大城市名校学生在题目数量、质量、新颖度和契合度上的差距。我发现，做题不仅让我更加熟悉考试的形式和题型，还让我在解题过程中逐渐形成了自己的解题思路和方法。因此，我认为对于中学学习来说，最朴素也最有用的学习方法就是做题。通过做题，我们可以将所学知识转化为解题能力，为未来的考试和升学打下坚实的基础。当然，做题并不意味着盲目地刷题，而是要在做题的过程中不断反思和总结，发现自己的不足并及时进行改进。只有这样，我们才能真正发挥做题的作用，取得优异的学习成绩。

方法铸就成功

肖尊球

学海拾贝

我善于利用课余时间进行自主学习。课堂上的知识学起来快，忘起来也快，因此我会制定详细的学习计划，合理安排每天的学习时间，确保每个科目都能得到充分的复习。此外，我还会定期整理学习笔记，将知识点进行归纳和总结，以便更好地掌握和记忆。在自主学习的过程中，我逐渐形成了独立思考的能力，能够自己解决问题，不再过分依赖老师的讲解。

时光荏苒，岁月如梭。离开母校已有数年，然而那段在母校度过的青春岁月，却如同璀璨的星辰，永远闪耀在我的记忆长河中。每当夜深人静，我总会想起那段时光，想起那些陪伴我一同成长的同学们，想起那些给予我们智慧与启迪的老师们。今年，母校迎来了她的 20 周年校庆，这无疑是一个值得庆祝和纪念的时刻。作为一名从展辉走出的学子，我感到无比荣幸和激动。借此机会，我想向母校表达我深深的感谢，并分享我在展辉学校的学习经历、方法和经验。这些宝贵的财富不仅让我在学习上取得了优异的成绩，更为我后续的清华学习之路奠定了坚实的基础。

在展辉学校的日子里，我逐渐摸索出了一套适合自己的学习方法。这些方法让我在知识的海洋中畅游，取得了令人满意的成绩，也为我未来的学习之路指明了方向。

第一，确立明确的学习目标。在展辉学校，老师们常常鼓励我们树立远大的学习目标，明确自己的人生方向。这使我深刻意识到，只有给自己设定了明确的目标，才能更加有条不紊地向前迈进。将大目标化成小目标，一步一个脚印先去实现小目标，直到最终实现大目标。我进入清华大学之后，在平时的学习生活中，我继续将这种习惯发扬光大，每天都为自己设定具体的学习目标，并努力朝着这些目标前进。

第二，注重课堂听讲和自主学习相结合。课堂是获取知识的主阵地，老师们的每一句话都蕴含着丰富的知识和深刻的见解。因此，我总是全身心地投入到课堂中，认真听讲，积极思考。我深知，只有真正理解了老师所讲的内容，才能将其转化为自己的知识。为了更好地吸收知识，我会在课前做好预习，了解本节课的重点和难点，这样在课堂上就能更加有针对性地听讲。同时，我还会在课后及时复习，巩固所学知识，确保自己真正掌握。另外，我善于利用课余时间进行自主学习。课堂上的知识学起来快，忘起来也快，因此我会制定详细的学习计划，合理安排每天的学习时间，确保每个科目都能得到充分的复习。此外，我还会定期整理学习笔记，将知识点进行归纳和总结，以便更好地掌握和记忆。在自主学习的过程中，我逐渐形成了独立思考的能力，能够自己解决问题，不再过分依赖老师的讲解。

第三，注重与同学之间的交流和合作。在展辉，我结识了许多志同道合的朋友，我们一起探讨学习问题、分享学习心得。通过交流，我不仅可以从他人的观点中汲取新的思路和方法，还能在合作中锻炼自己的团队协作能力和沟通能力。在初高中时，展辉都会设立培优计划，这种跨班级的融合让我能够接触到更多优秀的同学，共同讨论解题思路，互相补充完善，最终取得更为优异的成绩。

第四，保持勤奋，坚持学习。在展辉学校，我还深刻体会到了勤奋和毅力的重要性。学习是一个持久的过程，需要不断地努力和坚持。我始终相信，只有持之以恒地努力，才能取得优异的成绩。因此，无论是面对复杂的数学题还是繁重的背诵任务，我都会坚持到底，不轻易放弃。正是这种坚持和毅力，让我在展辉学校的学习过程中不断取得进步和突破。

正是这些学习方法和经验，让我在展辉学校的学习过程中取得了优异的成绩，也为我后续的清华学习之路奠定了坚实的基础。在清华大学，我能够迅速适应高强度的学习节奏和严谨的学术氛围，不断挑战自我，追求卓越。我深知，这些成就离不开展辉学校的培养和教导，也离不开我在母校所学到的学习方法和经验。

回首过去，我深感自己在展辉学校的学习经历是我人生中宝贵的财富。感谢母校为我提供了如此优秀的教育资源和环境，感谢母校的老师们用他们的智慧和汗水浇灌了我这棵小树苗，感谢母校的同学们陪我度过了那段难忘的时光。在展辉学校的日子里，我不仅学到了知识，更学会了如何做人、如何处事。这些经历让我更加坚定了自己的信念和追求，也让我更加珍惜现在的机会和平台。展望未来，我将继续秉持展辉学校的精神和学风，不断学习、不断进步。我相信，在未来的日子里，无论我走到哪里，无论我遇到什么困难和挑战，我都会铭记母校的恩情和教诲，勇往直前、追求卓越。同时，我也希望能够将自己在清华大学所学到的知识和经验，回馈给社会，为国家的发展和进步贡献自己的力量。

最后，我衷心祝愿母校展辉学校 20 周年校庆圆满成功！愿母校在未来的日子里更加繁荣昌盛、培养出更多优秀的学子！也祝愿所有在展辉学校求学的同学们能够珍惜时光、努力学习、成就自己的梦想！

第三篇　清北荣辉

风雨北大，水木清华，承载了多少人的梦。如果你读懂了清北的百年沧桑，你便读懂了民族的百年荣辱。此时此刻，个人的荣耀已然微不足道，我们的征途是星辰大海。

清华园，学堂路

陈远航

对我而言考上清华绝对是一件意外的事情。我高一时在理科班排名二十开外，高二进步到十几名，到了高三虽然稳定在了前十，但是很少排名前五，更是从来没有进入过前三名之列，所以我当时的目标是国防科技大学和中山大学，虽然心里时不时幻想一下超常发挥的事情，但理智还是告诉我这很困难。

高中的时光过得实在很快，教学楼顶层的高考倒计时一转眼就翻到了“0”。2020年7月6日，高考第一天，是我十八岁的生日。我原本在心里不断暗示自己，这一天我一定会运气很好、状态极佳，然而事实是我经历了失眠、中暑，没能发挥好。晚上班主任刘建球老师找到我，他和平时一样乐观和蔼地说：“没关系的，今天的考试加起来才300分，明天还有450分呢，英语你一点问题都没有，努力考好理综就是了！”听了刘老师的话，我心里冷静了许多。对啊！还有超过一半的分数没有考，我只要努力做好第二天的事情，还是有机会取得不错的成绩，于是我安心地睡了。高考第二天，神完气足的我重新踏上了考场，几乎从来没做完过理综试卷的我在非常谨慎小心的前提下竟然提前半个小时完成了全部考题，下午的英语考试自然也是没有问题。经过半个月的等待，高考成绩出炉了，语文和数学成绩如我所料没有很好，但理综和英语都考出了我的最佳成绩！加上少数民族优惠分，很有希望冲一冲清北，最后我幸运地在提前批被清华中核定向专业录取，梦想成真了。

度过了一个恣意玩耍、畅快无比的暑假后，我在初秋时节来到了清华报到，那是我第二次来到清华的西门。第一次是在初中，我们一家到北京旅游，那时由于没有提前预约，没能进入清华参观，而这一次我却是来清华报名入学，想到这两次来清华的变化，我和父母心里都十分感慨。当时由于疫情，父母只能送我到校门，我拖着沉重的行李箱，走入了这所令无数学子心驰神往的名校。进门便是早已等待着新生入学的校园大巴，包括我在内才上来两三位同学，大巴就向着学校内部驶去了。迎面而来的是道路两旁枝叶繁茂几乎遮蔽天空的大树，树叶在清风的吹拂下沙沙作响，我打开窗子，只觉一阵凉爽，十分惬意。继续深入，看到的是一栋栋楼层不高却尽显古色的中式建筑，上面依次写着明斋、新斋、善斋等字样，看着这些历经岁月的老建筑，我仿佛也看到了清华百年来的成长变迁，不禁感叹这所百年名校的古朴气质与深厚底蕴。大巴行驶了十余分钟便来到了宿舍区，宽阔的校园主干道被各院系的迎新帐位占满，每个院系还有形态各异的皮套公仔在充当着吉祥物，虽然只有学生在帐内负责接待新生，场面却一点都不混乱，我立马感受到大学里不仅有自由氛围，更有更多学生自主权利。我找到我所在的工程物理系，友好热情的学长学姐们快速为我办理好了入学手续，同时还赠送了院系给新生准备的手提包，里面放置着院系文化衫、雨伞、校徽、口罩、消毒液等物品，非常贴心，前往宿舍的各项事宜也在学长的帮助下安排妥当，大学生活算是正式开始了。

清华很大，我花了两周时间才把校园一一走遍并熟悉。校园的西侧是老校区，四大早期建筑都在这一区域，包括了大礼堂、科学馆、体育馆和图书馆，清华的标志性建筑、出现在录取通知书上的清华二校门以及众多老建筑也都集中于此，红砖青瓦、古树参天，每次到此我都有一种穿越回百年前的错觉。清华也经常被叫做清华园，这是因为清华西侧一带原本是一组清代园林，与圆明园修建于同一时期，直到现在人们还能从中感受到几分古朴的神韵。走出这片区域，清华的风景又变得大为不同了，许多建筑都十分恢宏庞大，同时又不缺乏艺术感与科技感。如文科图书馆形如一把钥匙，圆形的“钥匙柄”上宽下窄，顶端天台还种了不少绿植；艺术博物馆由一根根巨大的梁柱支撑，墙壁镂空做出一排方形阵列，有奇特的视觉观感，可以说它本身就是一件艺术品；中央主楼更是巍峨大气，正面看去给人肃穆庄重之感。清华的植物也十分丰富，号称品类数量超过北京植物园，每年春天到来时，园子里百花争艳、色彩缤纷，不出校园就能踏青赏花。秋天时，树叶各自变了颜色，红的、黄的、紫的都有，明艳动人，天气大多晴朗，是户外运动的好季节。只有来到清华，才能感受这四季变换的美景，我时常感到在这美丽大气的校园里学习生活是一件特别幸福的事情，希望能有更多的展辉校友来到清华求学，与我一同欣赏这校园风光。

在清华的日子当然不只是散散步看看风景，学业其实相当繁重。大一时由于不熟悉大学的学习节奏，主要课程又是较为困难的微积分、大学物理等，我平时除了上课，基本上就是去图书馆自习，到了大二、大三，也仍有相当部分的时间要花费在自习上。从宿舍到教学楼、图书馆，走的是一条南北贯通的大道，叫学堂路。这条路上人来人往，大多数人行色匆匆，都是带着学习或科研任务来去，而我也在这条路上看到叶子落了又长、雪下了又融。清华有很多个图书馆，北馆、西馆是座位最多、大家常去的两个选择，文科图书馆则因为在每个座位上配备了显示屏而一座难求，除此之外还有法律图书馆、美术图书馆、金融图书馆等，都可以预约座位看书自习。图书馆内的座位大部分时间都坐得比较满，每个人都安静而专注地做自己的事情，学习氛围浓厚，来到图书馆学习效率会提高不少。待在图书馆的时间是充实而疲惫的，我经常困得趴在桌上睡着，但在繁杂的任务下，这时间又显得那么宝贵，时常在不知不觉中，图书馆的闭馆音乐就响起了，踏着催人入眠的音乐声和皎洁的月光回到宿舍，日子也就在一天天的繁忙学习中过去了。大四上学期我成功保研本系，努力算是没有白费，不过清华的保研名额其实很多，越好的学校保研名额越多，这是就读名校带来的好处之一。

新清华学堂

学习不能成为生活中的唯一事项，否则人的精神就要出问题了。清华除了丰富的学习资源，社团活动也不少。每年春天校园里都会进行“百团大战”，就是各社团摆摊招新，每个社团都会派人表演自己的拿手绝活，现场可谓是“百”仙过海各显神通。在我印象里，这个“百团”并不是夸张的说法，清华的社团数量早已超过了两百，民乐团、仪仗队、魔术社、说唱社、次世代动漫社、击剑社、轮滑社、台球社、葡萄酒社、咖啡社、汉服社、小动物保护协会……只有你想不到的，没有清华拿不出的。大大小小的社团、院系以及学生会和团委都是举办活动的主体，校园里时不时就会出现一个摊位或舞台进行路演，而一年到头的活动根本穷举不尽，随便一想就有男生节、女生节、迎新舞会、学生节、运动会、校园马拉松等，可以说只要精力和时间足够，每周都能参加上好几个活动。

清华对体育运动的重视程度非常高，有一句戏言是这样说的：清华没有未名湖，但是清华的体育运动场地加起来有七个未名湖那么大。虽然是玩笑话，数据却不假，清华有西大操场、东大操场和紫荆操场，可用于踢足球和跑步等，篮球、排球场地随处可见，综合体育馆内有羽毛球场、瑜伽室、击剑馆、健身房等，去年完工开放的北体育馆内除了传统的运动场馆，还增设了溜冰场、滑雪场。“为祖国健康工作五十年”“无体育、不清华”等都是我们非常熟悉的口号，此外清华还有一个规定：不会游泳不能毕业。三公里长跑是大家熟悉的考试项目，且所占比重非常大，大家平时都要努力锻炼才能确保自己的体育不挂科，要求可谓是非常严格，这也带给清华学子过硬的身体素质。

我在清华的本科时光已经接近尾声，这三年多以来我在学问上有长足的进步，感受到了清华“追求卓越”的校风，也在浓郁的体育运动氛围下养成了锻炼身体的习惯，向着“为祖国健康工作五十年”的目标稳步前进，更收获了珍贵的同学情谊，现在和未来都有好伙伴同行。最亲近也最感谢的是我的三名室友，他们三人学习刻苦、品行端正而又性格活泼，在他们的帮助带领下我较好地完成了本科学业，在遇到困难时我们彼此鼓励渡过难关，在闲暇时我们一起出游或在宿舍游戏，平时锻炼也互相监督一同完成，本科四年时光会是我们日后最宝贵的回忆。

游清华园、走学堂路，我的感受从最初的欣喜与好奇变成了现在的熟悉和温暖，考入清华早已成为过去的荣耀，我期待自己在未来能成就更多的精彩。也希望能有更多的校友来到清华学习，为学校添彩，更为自己铭刻上属于清华的荣光。

圆梦清华

吴子祎

有时候会开玩笑，清华连我都要，看来也就这样。这句调侃并不是看不起清华，而是内心难以抑制的自卑。真正拿到录取通知书，圆梦清华的那一刻，其实我内心是觉得不真实的，尽管一直以来老师们都鼓励我、认可我，但我还是害怕变数。当我最终展开有着立体二校门的通知书时，一切的不确定都不复存在了。

回顾圆梦清华的历程，幸运与努力并存，全程都离不开展辉老师们的关心与帮助。清华，是神圣的学术殿堂，汇聚了全国顶尖的优秀人才，汇聚了来自世界各地的多元文化，更有着雄厚的师资，是一所底蕴深厚却又朝气蓬勃的学校，很难不让人心生向往。但是，随着学习的深入，越能感受到进入顶级学府的不易，优势科目要足够稳定，不能有弱科，甚至还要参加一些竞赛为升学做准备。老师们一直告诉我要自信，我考清华是很有希望的，尤其是还有自强计划，让我从一开始的不敢想到“试试吧，万一成了呢，不成也没亏”。好在，虽然疫情打乱了复习节奏，但是返校后一切都在有条不紊地进行着，复习、刷题、考试、补弱科、准备自强计划的材料，时间在期待和焦虑中飞快流逝。顺利通过初试和笔试后，进入了毫无头绪的面试，面试考验的不仅仅是知识储备量，更是个人的心理承受力、语言表达能力、社会责任感等，这是应试教育缺失的一部分，更是大学教育很重要的一环，虽然当时我紧张不已、脑子里一片混乱，答得非常浅显稚嫩，但是这也让我清晰认识到自己的不足，为之后的面试提供了宝贵的经验。

2020 年，疫情的开端，第一次离开父母，怀揣着对知识的渴望和对未来的憧憬，降落在曾经只在新闻和考试资料中了解到的大兴机场，踏入向往已久的清华园。回首那段历程，每一刻都充满了激动与期待。

清华的美是显而易见的，洁白庄严的二校门、古朴灵气的水木清华都是游客们的必到打卡点，平时校园生活中，各具特色的系馆和公共建筑分散在各个方位，还有充满活力的操场和体育场馆，甚至连食堂都不拘一格。清华的自然风光同样优美，将清华称作植物园也不为过。早春的蜡梅、迎春、望春玉兰、山桃，点缀着整个校园，让人在不经意间撞进明媚春色；竞相开放的榆叶梅、紫荆、丁香、海棠等，相互呼应、点缀，香、色俱全，沁人心脾；夏日的荷塘，映着周围的牡丹、芍药，让人心生宁静……偶尔在学习、实验紧绷之时，停下来散散步，看看校园美景，看看荷塘里悠然自得的绿头鸭、鸳鸯和黑天鹅，事情好像没那么棘手了，仿佛和朱自清先生共频。

清华大学二校门

在清华，我有幸遇到了许多良师益友。老师们学识渊博，每一位都带着国内外名校 title，手握各类大刊，在自己的研究领域深耕，却又始终关怀着年轻一代的我们。老师们在严谨治学的同时，时常以极高的热情介绍自己的课题和研究方向，不吝啬自己的时间，主动约我们聊天，哪怕只是讲解一些最基础的知识，带领大家参观自己的实验室。除了专业课老师，通识选修课的老师们的课堂更为轻松，也富有趣味性，他们有些不是专职教授，我遇到过的老师有某科普公众号的开发运营者、故宫出版社社长兼故宫学研究所所长等，他们并不以教学为主业，但是凭借自己的专业与热情向我们分享了一个又一个有趣的世界，让我受益匪浅。

我的同学更是来自五湖四海，在她们身上，我见识到了很多不同的中学生活和人生体验，这也是我一开始步入大学的自卑感的来源之一。真正进入清华之后，才了解到原来进入清华的途径这么多，有的同学凭借竞赛金牌直接保送，对专业知识和老师了如指掌，有的同学凭借个人特长或者招生项目被保送，还有外国国籍以及港澳台的同学们通过重重笔试和面试最终进入清华，当然，大多数同学还是通过极高的高考成绩或者结合强基计划、自强计划、地区专项计划等方式进入清华学习。同学们的教育和家庭背景截然不同。在通识课和日常校园生活中，由于小组合作及共同兴趣等，我结识了一些朋友，从交谈中可以了解她们的人生经历。有的同学来自数一数二的省重点中学，每年都能有十多名同学进入清北，平时学习更注重劳逸结合，在学习高考科目的同时学校还开设了不少兴趣课程或者竞赛课程，她们虽然觉得高中有一定压力但也对自己充满自信。还有的朋友来自大名鼎鼎的衡水或者衡水模式的学校，她们远比我更加刻苦地学习，但是也会遗憾高中时期只有学习的生活，甚至同窗三年，记不得同班同学，甚至不知道寝室有多少人、有哪些人，她们回忆起高中生活更多的是痛苦。清华园里还有不少同学的父母双方或一方来自清北，也算是一种学术的传承。清华人都有着独特的个性和才华，只要认识、了解的人足够多，总能找到和自己有共鸣的人，一起学习，或者一起游玩，或者一起闲聊，这便是我逐渐消除自卑感的方法：多和老师同学交流。非常感激一路成长的朋友们。

清华大学里的社团活动同样丰富多彩，每学期的“百团大战”热闹非凡，不论是艺术、益智、体育运动还是单纯的休闲娱乐，总能让你找到兴趣点。此外，还可以参与学生会组织的各类活动，抑或加入科协，和科研大佬们一起探讨学习等。

在清华的四年时光，以及接下来的五年时光，无疑是我人生中最宝贵的财富。清华不仅给了我一个优秀的学术环境，更让我在这里遇到了许多值得珍惜的人和事。在这里，我遇到了学识渊博、待人和善的老师们，有幸多次与他们交流，了解他们的人生经历和生活态度，不断明确自己的目标；收获了真诚优秀的朋友，了解不同的人生，体验不同的兴趣爱好；参与了多个社工和实践，在实践中感受生活、提升自信。我深觉，这段宝贵的经历塑造了今天的自己并让我不断成长完善，也让我对未来充满了信心和期待。

我衷心希望每一个有梦想、有追求的人都能有机会走进自己心仪的校园，去感受那里的氛围、去结识那里的朋友、去创造属于自己的精彩故事。因为在那里，你将会收获一生中最宝贵的财富——知识、友谊和成长。

山的外面还是山

曾菱衣

曾经高考就像一座山，矗立在我前十七年的人生里。作为小镇做题家的典型代表，我很长一段时间里都把高考看成了终点，却没有为新的起点做好准备。进入北京大学光华管理学院对于那时候的我来说并不算是经过深思熟虑后的主动选择，更像是被高分裹挟的结果。在此前的人生里，我没有遇到过太大的挑战，也没有经历过太多的挫折。但在光华管理学院这个著名的状元聚集地，失败是常见的。

光华的高等数学课程难度等级是 B，难度仅次于理科类专业所学习的高等数学 A。这对于学院里的奥数金牌选手和理科背景的同学来说只是小菜一碟，但对文科数学都不算拔尖的我来说却是压垮骆驼的最后一根稻草。再加上高数的学分占比又比较高，我在大一结束后的绩点排名只能勉强排在学院里的中游水平。学业上的打击只是个开始，优秀的人总是在各个方面都很优秀。不管是课堂表现、社团活动还是校外实习，当我还在水土不服的时候，身边的同学们早已如鱼得水左右逢源，就连兴趣爱好都玩得很专业。在前所未有的同辈压力下，对自己产生怀疑是很正常也很普遍的现象。那种感觉就像是费了九牛二虎之力爬上一座高山，以为能看到“一览众山小”的壮丽景象，却发现面前只有一座座更高的山，那些山上布满了早已出发的人，他们的背影就像那些山一样无法企及。

留给挫败感的时间并不多，我知道改变的唯一办法就是从做好眼前的每一件小事开始。大学的课程有很多种，但其中最重要的课程或许不在教室之内，比如接受自己的平凡，并在平凡中寻找真实的自己。大三下学期时，我参加了学院的交换项目，在英国兰卡斯特大学管理学院度过了半年的学习生活。原本兰卡斯特大学有两个交换名额，但另一个同学由于语言成绩不达标未能成行，所以当年只有我一个人参与了交换。独自一人来到完全陌生的环境，本来应该觉得孤单，但相比国内的竞争压力，我反倒得到了短暂的喘息。与国内不同，英国大学一年有三个学期，夏季学期较长，冬季学期和春季学期较短，中间有将近一个月的复活节假期。我利用假期和上课空隙，一个人跑遍了英国的大小角落。旅途中，我仿佛回到了童年时期，单纯地观察着这个世界，也认真地感受自己的呼吸。去往北爱尔兰时，客轮穿越爱尔兰海，我站在甲板上，看着一望无际的蓝色水域，突然理解了海子的那句诗："天空一无所有，为何给我安慰。"山的外面或许还是山，但换个角度，山的另一面可能就有海。我们也许不必攀上一座座高峰，才能体会波澜壮阔。

北京大学未名湖

北大的经历对于我来说，是一个见天地、见众生、见自己的过程，我还是不确定自己想做什么，但我知道自己一直在路上。

百年清华园与世界一流大学

邓联建

清华大学，这所坐落于北京的著名学府，拥有一段悠久而丰富的历史。清华园的前身，可以追溯到清朝时期的皇家园林——熙春园的一部分，始建于康熙四十六年（1707 年）。这片园林最初是作为王府花园而建，后来在咸丰年间被命名为清华园。清华园不仅有着中国古典园林的精髓，更见证了中国近现代教育的发展历程。

历史

1909 年，清华园被选为游美学务处的校址，随后在 1911 年建立了清华学堂，标志着清华学校的正式诞生。清华园的自然风光与人文景观交相辉映，园内山丘起伏，溪流清澈，古树参天，花木扶疏，构成了一幅幅如画的景致。清华园的园林设计巧妙地融合了中国古典园林的“行、望、游、居”四大特点，创造出一种清幽雅致的环境，为学术研究和学生生活提供了理想的背景。

随着时间的推移，清华园不断扩建和改造，到 1928 年，清华学校更名为国立清华大学，成为中国教育部直属的综合性大学。这一时期，清华大学由文学院、法学院、理学院、工学院四所学院构成，拥有 17 个科系，提供深厚的理科教育和广泛的文科教育。在抗日战争期间，清华大学曾南迁至长沙，并与北京大学、南开大学共同组建了国立长沙临时大学，后迁至昆明，改称国立西南联合大学。1946 年，学校重返清华园，继续其教育和研究的使命。

1949 年中华人民共和国成立后，清华经历了教育体系的重大变革。1952 年，清华被改造为工科大学，文学院、法学院和理学院并入北京大学，而工学院则接收了来自北京大学和燕京大学的院系。尽管在院系调整中失去了一些著名学者，但清华依然努力保持竞争力，并在工科领域取得了显著成就。

1978 年，随着中国的改革开放和高考制度的恢复，清华大学开始积极恢复其综合性大学的传统，增加课程数量，提升研究水平。1984 年，清华成立了中国首家大学捐赠基金——清华大学教育基金会，为学校的发展提供了资金支持。进入 21 世纪，清华大学更加注重创新和国际化，通过各种政府计划和国际合作，努力向世界一流大学的目标迈进。

自成立以来，清华大学始终秉承着培养顶尖人才的教育理念，孕育了无数杰出的科学家，他们在各自的领域内做出了开创性的贡献，推动了科学技术的进步和国家的发展。如荣获“两弹一星”勋章的杰出科学家钱学森、邓稼先，诺贝尔物理学奖获得者杨振宁，著名数学家、解析数论、典型群、矩阵几何学等领域的创始人和开拓者华罗庚等。

校园美景与生活

以皇家园林为前身，清华大学内的风景点众多，每一处都有其独特的魅力。

水木清华

“水木清华”是清华园内最引人入胜的一处胜景，位于工字厅北侧，被誉为清华园的“园中之园”。这里的景色设计别具匠心，四季变换的林山环抱着一池秀水，山水之间点缀着两座玲珑典雅的古亭。荷花池是清华园水系的重要组成部分，夏季荷花盛开，冬季被白雪覆盖，四季各有千秋。荷塘南侧的古建筑本为工字厅的后厦，正额上“水木清华”四字，据传为康熙皇帝御笔。朱柱上悬挂的名联“槛外山光历春夏秋冬万千变幻都非凡境，窗中云影任东西南北去来澹荡洵是仙居”更是增添了几分文化气息。

近春园位于清华园的西侧，与水木清华相邻，是清华园内的另一个著名景点。近春园以其秀美的荷塘和丰富的植被而闻名，春天的桃花、夏天的荷花、秋天的银杏、冬天的雪景，每个季节都有不同的风貌。园内的建筑和自然景观和谐共存，为师生提供了一个放松身心的好去处。

清华园大礼堂是清华大学的标志性建筑之一，建于 1917 年，由美国建筑师亨利 · 墨菲设计。大礼堂的建筑风格融合了西方古典主义和中国传统元素，外观庄重典雅，内部装饰华丽。大礼堂不仅是学校举行重要活动和典礼的场所，也是校园文化生活的重要组成部分。

清华大学图书馆是中国最大的高校图书馆之一，馆内藏书丰富，是学术研究的重要基地。图书馆的建筑风格同样融合了中西方元素，既有中国传统建筑的韵味，又有西方建筑的宏伟。图书馆不仅是知识的宝库，也是校园内一道亮丽的风景线。

当然，随着时代的发展，清华也在不断修缮老建筑，在其中安装现代设施，为师生日常使用提供便捷的服务。

品尝美食是校园生活的重要组成部分。清华园里大大小小的食堂有十几个，学生常去的食堂包括清芬园、桃李园、紫荆园、丁香园、玉树园等。食堂大多以花的名字来命名，其中的美食包罗万象，价格合理，如榴莲酥、酸菜鱼、海南鸡饭等。食堂还会推出特定时节的美食，如腊八时的腊八粥、清明节时期的青团等，有时还会开设美食节集中推出新的菜品。此外，在清华园里你不仅能吃到美食，还能学习如何制作美食：学校时常会联系食堂开设美食课程教大家制作一些简单好吃的食物。

清华园里的社团活动也非常丰富，涵盖了文化知识普及、实践教育、就业引导、和谐校园建设、志愿服务开展、社会工作岗位锻炼计划实施等诸多领域。每年还会开展“百团大战”学生社团联合招新、“清社年华”学生社团嘉年华、“地球村”国际文化节、“梦想学校”公益社会实践项目等。

每年的寒暑假，学校里的各个院系都会组织开展社会实践活动，主题包括调研各行各业、研究时代命题、走进偏远山村等。就目的地的不同社会实践还分为国内实践和海外实践。总而言之，社会实践给了我们一次走出象牙塔去了解社会、服务社会的机会。

此外，各个院系每年还会组织学生节活动，这个活动由院系出资，学生设计组织。在学生节的舞台上，你可以用歌舞尽情展示自己的才华，或是通过幽默小品吐槽学校不合理的地方，又或是作为一名主持人锻炼自己的语言表达能力……

学习与科研

清华大学作为中国顶尖的高等学府，拥有卓越的学术研究实力和广泛的研究领域。2017—2021 年，清华大学牵头负责了 143 项国家重点研发计划项目，显示了学校在国家科研计划中的重要作用和影响力。清华大学在国家科技奖方面表现突出，牵头获得 45 项国家科技奖，包括自然科学奖、技术发明奖和科学技术进步奖，一等奖数量位居全国高校首位。38 项创新成果入选国家"十三五"科技创新成就展,进一步证明了清华大学在科技创新方面的显著成就。

对于本科生的培养，清华也不遗余力，为同学们提供了丰富的课程资源。在清华的课堂上，你能遇到许多风趣幽默的老师，他们经常不经意间就在与同学的聊天中（通常是课程微信群）吐露出至理名言，这些至理名言常常被同学截图保存，引为宝典。

除了必要的基础课和专业课之外，清华园里还有许多有意思的人文艺术通识课和技术制造课。因此，对于理工科同学来说，仍然有机会与庄子、墨子等思想家对话或是了解到花卉相关知识，让你不仅能看见校园里的美，也能了解这份美。

学校也为同学们提供了各种各样的学习资源，如为同学们提供答疑解惑的答疑坊以及一些讲解摄影技巧、剪辑技巧等技艺的工作坊，以支持同学们健康全面发展。

学校重视本科生科研，在大一下学期，学生就可通过相关平台参加学生研究训练项目（Student Research Training，SRT）。通过 SRT 项目，同学们能够快速进入实验室了解科研生活以及相关导师，在这个过程中，同学们能够确认自己究竟适不适合科研，为自己未来的选择提供帮助。

总而言之，清华大学的科研实力在国内外均具有显著的影响力和竞争力，学校在科技创新、人才培养、科研平台建设、国际合作等方面均取得了卓越的成就，为国家的科技进步和社会的发展做出了重要贡献。

一路向北

杨晨熙

我从 17 岁开始一路向北。

……

我高中时爱听周杰伦的歌，下课听，上课也听。在他的 R&B 中，我最喜欢的是《头文字 D》的主题曲——《一路向北》。

忧郁的旋律，吉他和贝斯营造的低沉节奏，直至副歌高潮才瞬为强劲，仿佛淡淡说着一段无法忘怀的往事，好将一路辛酸道尽，最终在滂沱大雨中达成与自己的和解和对过往的告别，迈向雨幕下无限可能的新生活。

一路向北是我的梦想。我想考入北京的 T 大或 P 大，进入一个更高的平台，去看看北方更广阔的世界，去追求意义更丰富的人生。

高考前，我将“一路向北”写进个人宣誓词，刻入大学宣言墙，挂至班级祈福树；正如音乐环绕，又将心事付诸其中。

披星戴月，甘之如饴。师友协力，金榜题名。

出录取结果那天，我正百无聊赖地刷新着潇湘高考的页面。突如其来的状态更新，映入我的眼帘，那一刻，萦绕在我心中的是淡淡欣喜，这份小小的成绩，没有辜负亲朋的关心，没有辱没学校的名声，也代表着我人生新阶段的正式开始。

8 月，我登上飞往首都机场的航班。

“后视镜里的世界，越来越远的道别。”

飞机调整机翼，升入平流层；我调整躺姿，侧倚舷窗。俯瞰碧绿的稻田与绵延的丘陵，云层协助着居住区悄悄潜逃。我贪心地看着，想将这座城市，连同城市中我的母校和我的亲朋师长一并铭记。

……

8 月 23 日，我乘清华摆渡车进入清华园。

我就读于为先书院，那天正值新生开学日，为先的学长们热情洋溢，很快就引导我办完入学手续，并领我进入宿舍。我住在紫荆公寓 11 楼，这里是 20 年前中国最好的宿舍，4 人一寝，合 20 多平，带阳台，两个寝室共用一个中厅，相当于客厅，可以存放杂物和开展自习或娱乐活动；有空调和暖气，上床下桌，床是 1.9 × 1.2 米的尺寸，书桌呈 L 型，上面有 3 层合 6 格的书架支撑床铺。

虽然后来屡次向室友抱怨“豪华”紫荆“监狱”不如南区宿舍豪华，但无法否认的是，紫十一承载了我生活和学习的点点滴滴，尽管它没有独立卫浴，没有电梯，但能保障我每天晚上安然入眠，并阻碍我在第二天早八醒来。

大一最先迎来的是三周军训，记 GPA，分成军事技能和军事理论课两门。一般是每天上午和晚上训练，下午上理论课。教官大部分来自国防大学或者清华老兵，对学生很好，要求严格但不死板。令我印象最深的是午夜 20 千米拉练，那天下着小雨，我们背着自己的棉被和迷彩鞋，路很滑很长，但在同学、导员和教官的陪伴下，我完成了自我毅力的突破，完成了每一个清华人入学前的意志必修课，并初步领略了“无体育、不清华”的真谛。

军训结束后，我一边按学院的培养方案结合自身的兴趣选择了第一学期的课表，一边利用课余时间逛完了清华园的著名地标。

“风在山路吹。”

学校道路沿东西或南北展开。生活区主要分布在校园北部，包括紫荆宿舍，紫荆园、桃李园和芝兰园三座食堂，紫荆操场、篮球场、网球场和健身房，以及作为学生发展中心的 C 楼。

日常上课沿南北走向的新民路或者学堂路，骑行 5 到 10 分钟就可以到达教学区域，通勤十分方便。沿途还有清芬园、听涛园、月季园等食堂，菜品丰富，方便饱腹。

平时自习或周末散心，一般从学堂路拐至东西走向的至善路，这里是清华园西校区，有着曾抚慰朱自清大师的荷塘，也就是后世熟知的“荷塘月色”，每个清华人在七月份的良夜到此处都能感受到那穿越时空的思绪，也有荷叶亭亭的水木清华、随机生成情侣的情人坡，旁边正是树藤缠绕的带座长廊。沿河并入小道，可以进入逸夫馆和李文正馆自习，即清华图书馆西馆和北馆，这里是学生自习和研讨的场所，我曾在此度过“痛苦”的期中考试周和期末考试周，得益于安静宽敞的环境，这里也是学生完成科研文献阅读与整理的不二之所。

清华的体育场所很多很大，总面积是未名湖的 7 倍左右，有着紫操、东操、西操、北体育馆和诸多球场。清华体育氛围很浓，不仅体测要求严格，每周还会以院系的形式开展课外集体锻炼，此外还经常举办马约翰杯和校园马拉松。“为祖国健康工作五十年”是挂在西操的校训，每晚我在西操跑 5km 时抬头便能看见，这让我元气满满。

此外，清华的学术氛围是既包容又严格的。对每一个有志于建设祖国的清华人来说，学校都能够提供海量的科研机会，如 SRT 项目、兴趣课程与社团、学院组织的科创大赛等，这里不受专业和经验的限制，导师手把手引导小白跨入瑰丽的科创世界。而相对的，学校也有一套规范公正的评判标准，科创成品等涉及研究原则的成果，都需要经过严格的评价；同时，全国各地的学术大牛聚集此地，不仅使种种竞赛都能涌现出大神级课题，也无形中激励了每一位参与者养成良性竞争的积极心态和创新思考的科研习惯。

当然，这种氛围肯定具有挑战性，足以让清华的每一位学生都产生焦虑情绪，我也不例外。但不必担心，学校人文氛围浓厚，可以参加马哲学社的辩论会，可以参加社工，还可以在新清华学堂观赏一场话剧或电影，或在操场参加主题夜跑，让焦躁的心在浓厚人文氛围中律动，精神上的疲惫也就消散了。

清华大学清华路

写到这儿，逸夫馆也开始闭馆了，背上书包，我再次踏上学堂路，抬头看着同一片天空，欣赏新生的夜晚。

月明星稀，是清华园里每一个夜晚的主色调；沿着新民路或学堂路，从教室、操场或者图书馆，优哉游哉地蹬回位于最北边的紫荆公寓，耳畔呼着来自遥远西北的风，将一天的疲惫与焦虑彻底散落在这条路上。

如果说，跨越大半山河，带着理想与期望热烈地奔赴清华，是我少年时期轰轰烈烈的一路向北；那么，在每一个充实的日子里骑回紫荆宿舍，则是我在清华园里简简单单的一路向北。

一路向北，对我来说是名利场中的沉淀，是用平常心去应对无法避免的困境，是穷尽所学去实现人生价值，是在这场肉体与精神一并向北的旅途中重新寻找新的自我。

同时，它也是一场属于我生命旅程的热烈奔赴。我们不断为生活赋予意义，让意义为生活提供动力，正如我来自的小城，亦如我现居的清华，我们道别，我们拜访，我们永远思考，我们永不停息，我们一路向北。

追寻梦想的征程

唐家钰

时光如梭，岁月如歌。我们在展辉学校度过了青涩而美好的时光，见证了学校的成长与进步。回首往昔，初中、高中时光仿佛就在昨日，但那些美好的记忆却仿若鲜花一般绽放在心间。

如今，我踏入了清华大学这片知识的殿堂，迎接着新的挑战和机遇。这不是我们梦想的终点，而是我们追逐梦想的新起点。展辉学校的养育之恩，将伴随着我们，激励我们勇往直前，继续追逐心中的梦想。

在校园里漫步，我发现清华处处散发着一种与众不同的魅力。校园的建筑雄伟壮观，树木葱茏碧翠，仿佛诉说着历史的沧桑与辉煌。与优秀的师友相处，我深感自己的渺小和不足，但更加坚定了追求卓越的决心。

清华大学的校园生活丰富多彩，充满了各种各样的社团活动和学术讲座。我参加了各种社团和组织，结识了志同道合的朋友，拓展了自己的人际关系网。在这里，我不仅培养了自己的领导能力和组织能力，还学会了如何与人合作，如何处理复杂的人际关系，这些经历让我受益匪浅。

清华大学的学术氛围浓厚，处处充满着学术的气息。在清华的课堂上，我不仅获得了丰富的知识，还结识了许多优秀的老师和同学。老师们不仅在学术上给予我启发和指导，更在人生道路上给予我悉心的关怀和指引。与志同道合的同学们一起探讨问题、解决难题，让我感受到了合作与分享的力量。在科研项目中，我有幸与导师和同学们一起合作，攻克了一个个学术难题，积累了丰富的科研经验。同时，我也积极参与各种社团活动和学术讲座，拓宽了自己的视野，丰富了自己的人生阅历。这些在清华学习生活中的点滴收获和成长经历，让我深深感悟到了知识的力量和人生的意义，成为我人生中一段宝贵的记忆。

在清华的学习生活中，我不仅收获了丰富的知识，还收获了成长和成就。在学术上，我通过不懈的努力和持续的探索，逐渐提升了自己的学术水平，取得了一定的成绩和荣誉。在科研项目中，我锻炼了自己的科研能力和创新意识，为解决现实问题做出了一些微小的贡献。在社团活动中，我培养了自己的团队合作能力和组织管理能力，结识了许多志同道合的朋友，拓展了自己的人际关系。这些经历不仅丰富了我的学习生活，更为我未来的发展奠定了坚实的基础，让我更加自信地走向人生的下一个阶段。

此外，我还经历了许多挑战和困惑，但正是这些困难塑造了我们坚韧不拔的品质，让我们更加坚定地追逐梦想。挑战来自学术上的高难度课程和科研项目，来自社交上的压力和竞争，也来自个人成长中的困惑和迷茫。但正是在这些挑战中，我们逐渐认识到，追逐梦想并非一帆风顺，而是需要付出艰辛的努力和坚定的意志。我们学会了坚持不懈，学会了勇敢面对困难，学会了从失败中汲取经验教训。我们在困境中找到了前进的动力，在挑战中磨炼出了坚忍的意志。我们不再畏惧失败，而是将其视为人生路上的一次次尝试和积累，让自己更加坚定地向着梦想前行。

清华大学西体育馆

这段旅程，不仅仅是对知识的追求和学业的完成，更是对自我的探索和一段宝贵的成长经历。我在这里遇到了各路英才，结交了志同道合的朋友，收获了师长的教诲和指导。他们成为我生命中的一道亮丽风景，让我的学习之路充满了色彩和温暖。我学会了感恩与珍惜，感恩学校为我们提供的优质教育资源，感恩老师们倾注的关爱和指导，感恩同学们的陪伴和支持。正是有了这些，我才能在学业上不断取得进步，在生活中不断成长和进步。我也学会了珍惜每一个机会和时刻，努力做到最好，不辜负自己的初心和期待。希望自己怀揣着对生命的热爱和对未来的期待，勇敢地踏上下一个征程，继续追寻梦想，勇往直前。

我于清华二三事

庾金泓

跌跌撞撞进了清华园，我在这里遇到的是一群优秀的同学，比较之下不免又有些自惭形秽了。大学的生活和高中最大的不同是，没有人时刻盯着你，完全是自主式的学习。学校教学楼林立，除第一至第六教学楼外，各类名人教学楼也极具特色，形成了浓厚的学术氛围。图书馆系统更是庞大，由总馆（老馆、西馆、北馆）和文科、美术、金融、法律、经管、建筑六个专业图书馆构成，这九个图书馆一同构成了学校的知识宝库。即便是周末，这些教学楼和图书馆也依然热闹非凡，你可以看到一大批热爱学习的同学，他们或在教学楼里埋头苦读，或在图书馆的角落里安静自习，无论是对知识的渴望，还是对未来梦想的执着，都让他们在这里留下了努力的足迹。这样的学习氛围，无疑为学校增添了无尽的活力与魅力。

不得不提到的就是清华的食堂了。包括教职工食堂在内，数量有二十来个，绝大部分坐落在宿舍旁边。我没有去过所有的学生食堂，往往是挑近的食堂就餐。去过的食堂中最喜欢的应当是紫荆园了。经过翻新之后，紫荆园的就餐环境和服务质量大幅提升。室内设计配色亮丽，以不同的主题颜色为基调，营造出多样的空间气质，为就餐者提供了良好的视觉体验。紫荆食堂分为五层（含地下一层），应当是清华层数最高的食堂了。每一层都有特定的菜品。四层是我经常去的地方，这里以川菜、小炒为主，地下一层也是我喜欢去的地方，主要经营特色披萨、焗饭、特色烤翅等西餐风味。这里人相对较少，扫码点餐，不需要排起长队，是情侣聚会、团建聚餐、小组讨论的好地方。

美食让人垂涎欲滴，美景也让人流连忘返。庄严肃穆的大礼堂，古朴典雅的清华学堂，极富诗意的荷塘月色，庄重华丽的二校门，无不展示了清华大学深厚的历史文化底蕴。然而在我看来，最引人入胜的一处盛景当属水木清华。其上对联“槛外山光，历春夏秋冬万千变幻，都非凡境；窗中云影，任东西南北去来澹荡，洵是仙居”充满了人生的哲理，水木清华的匾额更是清华大学精神内核的体现，二者共同构成了清华园内一处独特的人文景观。

只上了一学期的课程，便遇到了疫情，2020 年寒暑假都在家里度过。在家里学习上课，虽然有着独特的便利，但也容易变得懒散。这是多数人都会遭遇的困境，我也不能幸免。由于缺少学校那种紧迫的学习氛围，线上授课又容易被手机等电子产品吸引。开始的几周我的学习状态并不好。为了使自己变得更加自律和专注，我找同学互相督促，及时完成学习任务。这一举措还是比较有效的，我和督促我的同学也成了比较好的朋友。回顾这段在家学习的经历，我深感懒散是一个需要警惕的敌人。它可能会悄无声息地侵蚀我们的意志和动力，如果想要足够优秀，这是一定要克服的。

大学的课程并不繁多，你可以攒出时间去做任何你想做的事。大二那年，我加入了机械系学生会，负责撰写文案、发布推送等，团建破冰活动让大家变得熟悉，开会的时候，大家都能畅所欲言，提出自己的见解，俨然一个和谐的大家庭。每当自己做的事情得到大家的认可，心里总会涌起一股莫大的满足感。

除了学生会，还可以选择参与各种各样的社团。清华大学有一个“百团大战”活动，那一天会有数百个社团进行招新。这里不仅有体育、文艺、科学类的社团，也有摄像、赛车甚至撸猫的社团，总之会让人大开眼界，眼花缭乱。可惜的是，因为当时我比较内向，对这些社团没有过多了解，也算是我大学四年的一个遗憾了。

大学里有各种各样的课程，可以挑一些自己喜欢和感兴趣的课程。比如文化课方面我挑了一门经济学原理做选修，体育课则选择了游泳课。经济学课程的学习让我知道了一些有趣的课程知识，了解到了市场机制的运作规律，理解了政府宏观调控的重要性。当然现实中的经济现象远非书中所说的那样通俗易懂，而是复杂多变的，正所谓“纸上得来终觉浅，绝知此事要躬行”。

游泳对我来说则是一件非常困难的事情了。从最开始不敢下水到能学会游泳，勇气应当是最重要的。因为之前不曾下过水，我是相当害怕的，后来也是没办法，呛了几次水才慢慢克服了恐惧。因为我发现，浅水区是很难出事的，有那么多的安全员看着，也就没什么心理负担了，顶多有点丢脸罢了。克服恐惧之后再通过每周两次的额外训练，慢慢地也就学会游泳了。

作为名校，清华是很慷慨的。除了吃食堂便宜，清华大学每年都有奖学金

清华大学主楼

和助学金的评选。奖学金针对成绩优异的同学，助学金一般针对家庭经济困难的同学，且这二者发放额度并不低。如果能在大学里好好学习，获得奖学金或助学金或励学金，那么一学期的生活费就不用愁了，无须再向家里人讨要，完全可以做到经济独立。我的一些大学同学课外也选择去做一些兼职，如家教等，日子过得风生水起。清华还有一个最高的奖学金荣誉：特等奖学金，每年评选十人。我有幸去过一次现场听他们的答辩演讲，不禁感慨“神仙打架”，比你优秀的人往往比你还要努力。

我花时间最多的课余活动应当还是勤工助学。岗位很多，我参加了其中的图书馆助理分队。每个班次两小时的工作时间，工作氛围非常轻松，工作内容也很简单，同时还能拿到比普通兼职还要高的时薪，更重要的是能和一同勤工助学的小伙伴们交上朋友，何乐而不为呢?

暑假留校的话，可以尝试着做一些科研工作。大三暑期我参加了 SRT（大学生研究训练计划），项目负责的老师很年轻，很和蔼，很有耐心。虽然项目课题我了解很少，但正是这种未知激发了我的好奇心和学习欲望。通过阅读相关文献，参加讨论以及向老师请教，我逐渐掌握了课题的基本知识，建立起自己的研究框架。通过这次经历，不仅从导师身上学到很多为人处世的道理和学术精神，也积累了一定的研究经验和成果，为以后的未来发展打下了坚实基础。科研工作枯燥乏味，有的时候需要自己独立思考并解决问题，需要花费大量的时间，当然，这样的经历却是最适合提高自己的研究能力和综合素质的。

在大三暑期时，学校还安排了生产实习。由于疫情反复，当时我们并没有去实地考察，只是停留于线上实习。我当时分配到了一个课题，要设计一种提升笔记本录音端口测试效率的辅助测试装置，需要个人独立完成。为了顺利完成任务，我先是进行了大量的资料搜集和整理工作，深入了解笔记本录音端口的工作原理和现有测试方法的局限性；接着利用自己所学的机械设计知识进行具体的设计工作。设计过程遇到了不少难题，其中多次修改迭代才最终让企业导师满意。这的的确确是一个相当痛苦的过程，却也让我理解到了理论和实践结合的重要性。

本科毕设时我遇到了负责的老师和热情的师兄师姐。尽管我进组比较晚，却也在三个月内完成了一篇不错的论文，至少我自己满意。我的指导老师在课题选择和研究方法等方面给予了我指导，我的师兄师姐则在实验操作和数据处理上给了我很多实用的建议，我为自己在这样的一个研究团队里感到幸运。回顾这段经历，我学会了如何与他人合作、交流和分享，师兄师姐们的优秀也时刻激励着我在未来的学习和工作中不断努力，追求卓越。

总的来说，大学四年我学到了很多东西。我学会了如何独立思考、解决问题，如何与他人沟通、合作交流，性格也慢慢地摆脱内向，尽管我知道这还需要一段时间；我遇到了不同背景、不同性格的老师和同学，他们的思想和行为方式对我产生了深远的影响，我学会了包容、理解和尊重他人；我还认识了许多志同道合的朋友，我们共同学习、成长、共勉，留下了许多珍贵的回忆。

青春绽放的舞台

易雪晴

从展辉考入清华后，我的世界观、思维方式和视野都得到了前所未有的拓展和提升。在这所中国最顶尖的学府里，我接触到了前所未有的知识和资源，每一刻都让我感到无比的震撼和兴奋。学术上，清华的图书馆、实验室、研讨会，都为我提供了深入学习和研究的平台。我可以与国内外顶尖的学者交流，参与各种前沿课题的研究，这不仅提升了我的学术素养，也让我对自己的专业有了更深入的认识。生活上，清华的校园文化和各种活动也让我受益匪浅。这里有来自五湖四海的同学，他们各自带着不同的文化背景和生活经历，我们的交流让我更加理解世界的多元性。此外，各种社团和活动也让我有机会发展自己的兴趣爱好，丰富自己的生活体验。艺术和体育方面，清华也提供了丰富的资源和平台。我可以参加各种艺术展览和演出，提升自己的审美和艺术修养；同时，学校的体育设施和活动也让我有机会锻炼身体，提升自己的体能。最重要的是，清华给了我一个实践的想法和梦想的舞台。在这里，我可以参与各种项目和实践，将所学知识运用到实际中，实现自己的价值。因此，我无比感激在展辉努力学习的那六年。正是那段时光，让我有机会接触到清华这样的一流学府，让我有机会在这里探索、学习、实践，实现自己的梦想。

初入清华的那一刻，我仿佛置身于一个梦幻般的天地。学校的面积之广阔，远超过了我之前的想象，每一寸土地都散发着浓厚的学术气息。校园的风景更是美得令人心醉，四季更迭，景色各异，每一处都让人流连忘返。从宿舍到教学楼，从教学楼到操场，每次出行都仿佛是一次探险。自行车成为我最亲密的伙伴，它载着我穿越校园的每一个角落。我骑着它，穿梭在古老的建筑和现代的楼宇之间，感受着百年历史的沉淀和当代活力的碰撞。学校的面积之大也意味着设施的丰富多样。在这里，我可以漫步在历史悠久的大礼堂，欣赏着 20 世纪 20 年代留下的独特建筑风格，同时沉浸在电影和音乐会的美妙世界中。

我可以坐在20世纪30年代修建的图书馆里，感受曹禺当年在此完成《雷雨》时的创作氛围，沉浸在书海中，品味知识的甘甜。同时，我也可以在最新修建的体育馆里挥洒汗水，体验游泳、滑冰、射击等运动的激情与快乐。这些先进的运动器械不仅让我锻炼了身体，更让我感受到了运动的魅力。而在设备先进的实验室里，我可以亲手操作各种精密仪器，探索科学的奥秘，感受到科技的力量。这些丰富的设施让我的大学生活变得多姿多彩。在清华这片土地上，我不仅可以感受到历史的厚重，也可以接触到世界的先进。我在这里与诸多名人先贤学习过的地方建立了跨越时空的共鸣，他们的精神激励着我不断前行。同时，我也有机会接触到世界上最先进、顶级的科技，这让我对未来充满了无限的畅想和期待。

清华除了提供的硬件资源非常丰富外，这里的人、事对我的精神面貌也产生了巨大的影响。在清华，我发现大学和高中学习相比更加突出的一点还在于评价方式的多元化。我所修习的课程中，没有一门是完全依赖期中与期末考试成绩计算最终的绩点的，甚至大部分的课程都没有采用考试的形式进行考核。这种评价方式让我深深感受到，学习不再仅仅是为了应对考试，而是更加注重个人素质的全面发展。平时上交的作业和课堂的互动成为重要的参考依据，这不仅要求我们掌握扎实的知识基础，还促使我们提升表达能力、合作能力和创新思维。富有趣味的作业层出不穷，让我不断开发脑洞，摸索全新的技能。在完成作业的过程中，我学会了独立思考、解决问题，这些能力在未来的生活和工作中都将是宝贵的财富。在清华，除了追求学习成绩，每个人都可以根据自己的兴趣和特长选择不同的发展方向。有人热衷于在学生会和社团中担任社会职务，锻炼组织能力和领导能力；有人专注于科研科创，努力成为学术界的佼佼者；有人追求文化艺体，成为校园中的明星；还有人致力于创新创业，追求成为新兴企业家。这里不会因为你在某方面的不足而埋没你在其他方面的才能，而是让人能够找到最适合自己的赛道发光

清华图书馆

发热。在清华的校园里，我感受到了前所未有的自由和包容。每个人都可以按照自己的节奏和方式成长，不被固定的框架所束缚。这种氛围激发了我的潜力和创造力，让我更加自信地面对未来的挑战。

当然，在清华的日子对我而言并不是一帆风顺的。与在展辉的日子相比，这里的课业学习难度更高，学习压力更大，竞争对手也更强。清华的学术氛围浓厚，每个同学都怀揣着对知识的渴望和对卓越的追求，这使得我时常感到一种无形的压力。为了能在数学课、专业课上获得更好的成绩，为了能在年级里获得奖学金，我常常需要付出比高中更多倍的努力。我夜以继日地钻研课本，参加各种学术讲座和讨论会，不断拓宽自己的知识视野。面对难度高、投入精力大，还需要小组合作完成的作业，我常常感到焦虑和害怕。有时，我会因为一道难题而苦思冥想，甚至彻夜难眠。但正是这些挑战，让我学会了如何面对困难，如何与团队成员协作，共同攻克难题。当作业完成的那一刻，我会感到一种从未有过的成就感和满足感。每年的 1500 米测试也是我心中的一道坎。我时常担心自己的体力不支，无法在及格线之内完成。但我没有放弃，而是坚持每天锻炼，提高自己的体能。最终，在测试中，我成功完成了挑战，这也让我更加坚信，只要付出努力，就一定能够克服困难。科研和学术上的困难更是一重接一重。我常常耗费许多精力却一事无成，这让我感到非常沮丧。但正是在这些失败中，我学会了如何调整心态，如何面对挫折。我逐渐明白，科研并不是一蹴而就的事情，需要耐心和毅力。同时，我也学会了如何在更复杂的环境下平衡生活、学习和学术。这些困难和挑战虽然让我倍感压力，但也正是它们让我学会了如何更加坚强、更加自信。我逐渐明白，只有经历过风雨，才能更加珍惜阳光。在清华的日子，虽然充满了艰辛和挑战，但也是我成长最快的时光。

在清华经历了这么多之后，我深感之前的教育经历形成了一个完美的闭环。这个闭环不仅让我对知识的追求有了更加清晰的方向，也让我更加深刻地理解了中学阶段努力学习的意义所在。我终于明白了，为什么中学时期要如此刻苦地学习，不断挑战自己的极限。那是因为，只有通过不懈的努力，我们才能够积累足够的知识和能力，为进入顶尖学府打下坚实的基础。而进入顶尖学府，则意味着我们将有机会接触到更广阔的知识领域，与更优秀的同学和老师一起成长，从而开启人生新的篇章。同时，我也更加感激展辉的老师们。正是他们在我中学时期给予我的无私的关怀和教导，让我逐渐形成了对知识的热爱和追求。他们不仅教会了我如何学习，更教会了我如何做人、如何面对生活的挑战。正是他们的悉心指导和鼓励，让我坚定了将清华树立为自己目标的决心，也让我在追求梦想的道路上更加坚定和自信。正是有了展辉老师们的引领和激励，我才能够有机会站在清华的校园里，享受这里的学习和科研生活。

生命的蜕变

曾 兴

2012 年 6 月，我参加高考，最终被清华大学经管学院录取。

初入清华，是一种非常复杂的体验。去清华就读是我第一次坐火车，第一次出湖南省，第一次要一个人在一个全新的城市开启一段全新的旅程。我到北京之后，不知道如何坐地铁，不知道如何看地图。在地铁路线图上没看到清华大学的站名，只看到了北大东门站，然后因为隐约听学长学姐们说了一句北大东门和清华西门在同一条路上，我们就从北大东门站下了地铁，结果是带着大量的行李在北京的 8 月骄阳之下走了接近 2 公里。入学之后，我很快发现，自己唯一的成绩也不再是优势，因为班上每一个同学不是省前十就是物理、化学各种全国竞赛金牌得主。我感觉自己回到了初一刚从乡镇到县城的那段岁月。

事实上，武冈和清华的差距，远远大过邓家铺和展辉的差距。但是，进入清华后的我，很快便适应了校园生活，接受了和其他同学的差距，甚至还因此感到兴奋，为打开了新世界、接触到了新知识而兴奋。说不好普通话，那就多练习，跟北京同学学习儿化音；全英文的课程听不懂，那就回来看英文电影、遮掉字幕反复听；锻炼跑步、学习乐器……清华的生活很快让我明白了，人要过的是自己的生活，而不是和其他同学做比较。学长学姐们告诉我们一句话，在清华，任何一个人，无论觉得自己哪一方面特别厉害，也一定能找到在你最厉害的领域碾压你的存在，所以，最重要的是找准自己的定位，明白自己要过的生活，充实自己的生活，让每一天的自己都比前一天更好。

在展辉的 6 年学习生活经历，让我能够更从容地面对大学生活。因为已经经历过城乡差距，所以能够更坦然地面对和清华其他同学的差距；因为在中学就坚持说普通话，所以能够更快地适应语言；因为展辉本身有外资背景且郭老师的英语口语非常地道，所以也能更快地跟上英语课；更重要的是，我很快接受了成绩不是唯一的评价标准，开始了更多元化、更精彩的校园生活。从大一第二个学期开始，我加入了各种学生组织和兴趣社团，积极拓宽了社交面，认识了更多朋友，也了解到了更多人不同的成长背景和生活经历；我和同学们去甘肃、上海参加社会调研，了解某种新的商业模式或者财务投资的考量因素；我们组成支教团去西藏、青海、山东、云南等全国各地支教，在帮助那些地方的中小学生打开视野的同时，也丰富了我本人的社会阅历；我如饥似渴地读各种书，我曾经一整周每天从 8 点进入图书馆待到晚上 10 点回宿舍，用一周的时间看完了莫言的全部小说；我也曾经选修了社会学、心理学、法律、国际关系学、历史等多门与专业毫无关系的课程，只为了满足自己的兴趣；我们在大三上学期去美国、欧洲交换，开拓国际视野。这一切，都让我的生活过得充实和快乐，极大地丰富了我的视野。

最终大学毕业之后，相比于其他同学直接读研或者工作，我做出了一个更大胆的选择——间隔年。我向学校申请了研究生延迟一年入学，去西藏支教了一整年。在西藏的一整年里，我教当地的学生学英语、学普通话；我给他们讲我的大学生活，讲知识改变命运，帮他们看到更广阔的世界；我带着十几个学生参与了一个创业项目，将当地藏族的手工艺品通过互联网销售到全国各地，并获得了当年的全国创新创业大赛银奖。在这个过程中，我也在被当地学生教育着。我有一个学生，父母在他和哥哥上小学的时候就去世了，兄弟二人和爷爷相依为命。上小学的时候，二人轮流，一人上一天学，另一人负责放羊，回来之后互相传授当天所学知识；后来到初中之后，学业压力较大，无法让二人轮流上学，于是学习成绩相对更好的哥哥上学，弟弟辍学打工给哥哥挣学费。弟弟当过餐厅服务员、当过清洁工、打过零工，直到后来自学英语，在布达拉宫给外国人当导游，才极大地改善了家里的经济条件。这时候哥哥也已经考上了大学，然后弟弟在快 20 岁的时候，放弃了已经月入近 2 万元的导游职业，重新回到校园开始上初中、高中考大学，并最终考上了我支教所在的西藏职业技术学院（大专）。了解了这个学生的成长经历之后，我发现自己当年的那些挫折、痛苦都根本不算什么，自己的那些自以为坚定的求学信念，和这个学生比起来，更不算什么。直到今天，当我遇到挫折、遇到困难的时候，当我为外在物质和经济压力所苦恼的时候，我还会想起那个学生，想起他和哥哥两人克服重重困难的求学经历，给自己以鼓励和前行的力量。

在清华的天空翱翔

朱书群

时光荏苒，回望2018年的那个夏天，当我踏入这所百年学府的大门，心中既有对未知世界的憧憬，也有对未来无限可能的忧虑。但正是这份挑战与机遇并存的环境，激发了我的潜能，让我在清华的这片沃土上找到了属于自己的舞台。

初入清华，扑面而来的是那股难以言喻的学术气息。这里，是国内外顶尖学者汇聚的殿堂，每一场讲座、每一次研讨会都可能是学术前沿的碰撞与交融。记得刚入学时，我参加了学院组织的系列讲座，那些平日里只在教科书上见过的专家学者，亲自为我们解读航空动力领域的最新研究成果，让我仿佛打开了新世界的大门，对专业的热爱与敬畏之情油然而生。

清华大学的学习氛围，可以说是既严谨又充满活力的。在这里，每一位同学都是佼佼者，他们来自五湖四海，带着各自的梦想与才华汇聚一堂。这样的环境，既是一种压力，也是一种动力。我们相互学习，相互竞争，但更多的是相互帮助，共同进步。图书馆、自习室、实验室……这些地方几乎成了我们生活的第二家园。清晨，当第一缕阳光洒满校园，就能看到许多同学已经坐在图书馆或自习室里，埋头苦读；夜晚，当星辰点缀夜空，图书馆内依旧灯火通明，那是我们追求知识的身影。这种自律与勤奋的精神，成为清华学子共同的标签。

清华大礼堂

航空动力专业，作为清华大学的一个传统优势学科，其独特的魅力深深吸引着我。这个专业不仅要求我们掌握扎实的数学、物理等基础知识，还需要我们具备创新思维和实践能力。在这里，我接触到了航空发动机、燃气轮机、飞行器推进系统等前沿技术，每一次实验、每一次设计都让我深感震撼与自豪。学院还非常注重培养学生的国际视野和跨文化交流能力。我们有机会参加国际学术会议、交换生项目等，与来自世界各地的同行交流学习，共同探讨航空动力领域的未来发展方向。

在清华大学的这几年，我经历了从迷茫到坚定、从自卑到自信的蜕变过程。我学会了如何在压力之下保持冷静与理智，如何在失败之后重新站起来；更学会了如何与他人合作、共同面对挑战。这些宝贵的经历与成长，将成为我人生道路上最坚实的基石。我相信只要我们保持对专业的热爱与执着追求，不断提升自己的综合素质和创新能力，就一定能够在未来的职场竞争中脱颖而出，为实现中华民族的航空强国梦贡献自己的力量。感恩这段旅程中的每一次遇见与成长，也期待在未来的日子里能够继续翱翔在知识的天空下，书写属于自己的精彩篇章。

我的清华之路

袁 峰

当我踏入清华大学的那一刻，我知道，所有的努力和挑战都已转化为这一刻的荣光。走在由历史建筑和现代设计交织的校园小径上，我能感受到每一块砖石都沉淀着知识和智慧的精华。清华不仅仅是一个学术的殿堂，更是我成长和实现梦想的地方，是一片让思想自由飞翔、灵魂得到滋养的沃土。

校园美景：启程的美好

清华大学的校园不仅是中国高等教育的象征，也是中西建筑艺术完美融合的展示。这里，每一座建筑都是一段历史的见证，从民国时期的砖红色建筑到现代的玻璃钢结构，它们共同谱写着一个时代的交响曲。这样的环境不仅令人赏心悦目，也让每一个在此学习的学生感受到深厚的文化积淀。

清华学堂

走在清华园那宽阔的梧桐树荫道上，每一步都仿佛穿越在时间的长廊。那些轻轻摇曳的梧桐树，每一片飘落的叶子都承载着历史的低语，讲述着过去学子的足迹和青春梦想。每当春风送暖，校园里那些粉白的樱花便竞相开放，仿佛是为了迎接新的生命和希望而绽放；而当秋风起时，金黄和火红的枫叶装点着每一个角落，将校园染成一片丰收的色彩。到了冬天，校园的湖面上会映出清晰的倒影，湖边的雪景和寒风中那些坚守的绿树，又为这所学府增添了一份宁静而坚毅的气质。

这些自然美景在四季的变幻中轮回展现，它们不只美化了我的学习生活，也成为我在学术追求中不断前行的动力源泉。每当学习压力让我感到疲惫时，我就会走出室外，让这些美景抚慰我的心灵，重燃我对知识探索的激情。这些景致是我在清华最宝贵的回忆之一，也是激励我求学和探索的不竭动力。这样的环境，让每一位清华的学子都能在这里找到属于自己的一片天地，继续书写属于自己的章节。

良师益友：智慧与支持的源泉

在清华大学，我有幸遇到了一群知识渊博的教授和极具才华的同学们，他们不仅在学术上给我带来了深远的影响，也在生活中成为我坚实的支柱。特别是我的导师柳教授，他在光学工程领域的造诣深厚，享有极高的学术声誉。柳教授不只是一个知识的传递者，更是一个激发潜能的引导者。他以自己严谨的学术态度和对研究的深刻热情，教会了我如何在复杂的科学海洋中航行，如何精确地提出问题、系统地进行实验和批判性地分析数据。

在柳教授的指导下，我们在实验室中度过了无数昼夜，那里是我们探索未知、追求真理的战场。每当实验遇到难题时，柳教授总能耐心地指导我们思考，从不同角度审视问题。在这种科学探索的过程中，我们不仅积累了宝贵的实践经验，也学会了科研的真正意义——持续求索、勇于创新。

此外，在清华，我结识了来自全国各地的优秀同学，他们个个志向远大、才华横溢。我们在学术讨论中互相切磋，在文体活动中共同进步，甚至在生活中彼此支持。这些友谊加深了我对多元文化的理解和尊重，同时也极大地丰富了我的校园生活。我的朋友们，他们对知识的渴望和对未来的憧憬，不断激励我挑战自己，不满足于现状，始终保持一颗积极向上的心。

通过这些经历，我逐渐明白，清华大学不仅仅是学习知识的地方，更是一个让我们学会如何成为更好的人的地方。在这里，每一次学术的探索和每一段深刻的人际交往，都是我宝贵的成长经历，这些都将伴随我终生，继续指引我在未来的道路上不断前行。

社团活动：扩展视野的舞台

在清华大学，我的参与不限于学术学习，我也活跃在各种社团和组织中，这极大地丰富了我的大学生活，并帮助我发展了多方面的技能。我加入了学生会和多个文艺社团，其中每一个社团都为我提供了宝贵的学习和成长机会。在学生会工作中，我学习到了组织活动、协调团队和公共交流的技能，这些经验对我的领导力和组织能力的提升有着直接的帮助。

特别是在马克思主义学习研究协会的活动中，我得到了深入探讨社会科学理论与实践的机会。我们组织了多次关于马克思主义理论的研讨会，不仅仅是学术讨论，更重要的是将这些理论与现实问题相结合。我与同学们共同进行了一系列的社会调研，包括前往当地企业和农村，直接与工人和农民交流，了解他们的生活状况和面临的挑战。这些调研不仅增强了我的实地研究技能，也让我对中国社会的多层面有了更深刻的理解和认识。

这些经历让我意识到理论知识应与现实问题紧密联系。我学会了如何将抽象的理论知识应用到具体的社会和经济问题中，更加理解了理论的实用价值。这不仅是一次知识上的学习，更是我社会责任感的一次觉醒。每次从田野调查返回，我都会带着新的问题和思考回到课堂上，这种实践与理论的互动，极大地激发了我的学术兴趣和社会关怀。

通过这些社团活动，我不仅提升了个人的能力，也扩展了视野，建立了广泛的社会联系。这些都是我在清华大学最为珍贵的经历，它们不仅丰富了我的学习生活，也为我的未来职业生涯和个人发展奠定了坚实的基础。

学习生活：坚实的学术基石

清华大学的学术氛围是其最引人注目的特质之一，校园里每一天都充满学术的挑战与机遇，创造了一个既竞争又合作的环境。在这里，学生们不仅是知识的学习者，更是科研的参与者，我们有机会直接接触到各领域的前沿科研项目，并与国内外顶尖的学者共事。这种环境促使我不断挑战自己，追求卓越。

清华的课程体系是世界级的，各种课程设计都旨在推动学生的全面发展。在严格的课程学习中，我不仅系统地学习了专业知识，更通过各种实验课、研讨课和项目工作，将理论知识应用于解决实际问题中。例如，在一门高级微积分课程中，我们不仅学习理论，还需要完成一系列复杂的数学建模任务，这些任务要求我们将数学工具应用于经济、工程乃至生物科学问题中。

此外，清华鼓励开放的学术讨论，这种学术交流的文化氛围让我学会了如何在讨论中发表自己的见解，并批判性地分析他人的观点。每次讨论都是一次思维的碰撞，老师和同学们的不同视角极大地拓宽了我的思维。这不仅加深了我对专业知识的理解，更重要的是教会了我如何在复杂多变的学术或实际问题中，进行系统性的分析和解决。

在清华，每一次学术探索都不是孤立的旅程。教授们不仅在知识传授上无私，更在学术指导上给予了我们巨大的帮助。在我参与的一个关于光电子技术的研究项目中，我的指导教授不断地引导我们深入问题本质，从学科交叉的角度来寻求解决方案，这种跨学科的研究方法极大地开阔了我的研究视野。

通过这样密集和严格的学术训练，我不仅在知识上得到了深入的培养，在思考问题和解决问题的能力上也得到了极大的提升。清华的学术氛围与资源为我提供了一个学术成长的优越环境，让我在未来的学术和职业道路上更具竞争力和创新能力。

结语

通过这段描述，希望能激发每一位读者对名校的向往和对知识的渴望。清华大学不仅是我的学术摇篮，更是我人生旅程中的里程碑。在这里，每一个梦想都有可能被点燃，每一分努力都将汇成未来成功的基石。

清华和清华的生活

林小文

清华是很多人理想中的学府，这里很大，机会很多，就像漫天飞舞的毛线头，随手揪住一个用力拉，就能牵出源源不断的精彩。与之相对应的，清华很“卷”，在清华的氛围里，好像或多或少要做成什么事情，找准自己的定位才不会迷茫。

我花了很长时间才适应清华的生活和节奏、找到归属感，最开始阻止我迈出第一步的，不是门槛太高、竞争激烈，也不是对自身能力的怀疑自卑，而是没有概念。我不知道很多事情的重要性，因为没有人提前告诉我，要怎么经营好大学生活。我不知道绩点对于奖学金申请乃至保研的重要性，也就没有尽全力对待每一场测验、每一次展示，全凭兴趣学习，也没有及时退掉难度大的课程，硬着头皮上完，最后成绩惨淡；我不知道竞选班委、加入团学三口做社工是交新朋友、结识有经验的学长学姐，甚至争取社工保研机会的重要途径，所以大一一年都只游荡于几个活跃度不高的社团之间。

不过一切也在我的努力和选择之下慢慢变好。我在社会科学学院，学院有政治学、经济学、社会学、国际关系和心理学几个专业，我们可以自由选择，最后修满哪个专业的学分就认定为该专业。我根据自己的兴趣选了较多社会学和国际关系学的课程，又根据课程难度和自己的表现选定了国际关系学。这个过程其实也很草率，比如如果考虑未来就业面我应该优先选择经济学，不过我也只是抱着“选我所爱”的想法。绝大多数专业课都很有意思，我学得相对比较轻松，前六学期的保研绩点是专业第二。

大一暑假我报名了一次支教实践，到宁夏银川的一个生态移民村，给因为父母务工留守在家的孩子们上课辅导。我准备的是语文课程，教孩子们数字成语、神话故事，培养孩子们联想和想象的思维。实践体验的好坏也很看运气，我很幸运地收获了充实且有足够正反馈的授课体验，还认识了一群友善且给我很大帮助的学长学姐。这之后我又陆续以支队长或者支队员的身份参与了几次支教相关的实践活动，并且和母校新开的桂阳展辉学校取得联系，组织了学期中的书信交流、书籍阅读等志愿活动，在大三暑假带着一支支队去开展了为期一周的支教。我认为支教是能最大限度地把我十几年来所学所思所想最直接反馈给仍然需要帮助的同学的方式，这也是我坚持它的原因。

一所学校最吸引人的还有美食和美景。清华食堂很多，虽然对我这种湖南胃来说好吃的没有特别多，但贵在有很多选择。我们很乐意出游，因为北京有大大小小的很多公园，人文历史方面的景点也多，而且门票都不贵；更重要的是，走在北京街头总有一种谁都不在乎我、我也不用在乎谁的感受，所以可以轻松自在地做自己真正想做的事。清华也很美，尤其在春天。北方的春天很短，但正因为它短，竞相舒展的花草树木们凑在一起就更热闹和珍贵了。清华有条主路叫学堂路，两边整齐排着高大的杨树，树上嫩黄绿色的芽在东风里摇啊摇，仿佛一夜之间就摇成了比巴掌大的翠绿，簇拥在一起投射下满地的阴凉，刚好缓解初夏的燥热。今年春天的花期好像格外长，很多花开了谢，谢了又开，最近盛放着的有香味浓密的紫白花泡桐，总被嗡嗡的蜜蜂围绕着的槐花，还有一列列开得整齐的忍冬。园子里的颜色很多，映衬着越来越多见的晴朗天气，确实称得上风景如画。

清华园林美景

北京其他高校我去得不多，据说都没有清华大。不过以这儿的高校密度之高，相信只要来了北京，无论想去哪一所，都能找到学长学姐、学弟学妹帮忙，进去转个痛快。

在清华的日子

刘雨欣

中学时期，我曾无数次在脑海中勾勒出自己进入清华后的种种场景，想象着那里的生活会是怎样的精彩与激动人心。然而，直到真正踏入这座全国最高学府的门槛，我才深切地体会到，人的想象力往往会被自身的认知禁锢。清华从物质到精神上都深深震撼了我，并在之后给我带来了脱胎换骨的改变。

在物质层面，清华所给予我的，早已超出了我的想象。记得军训期间，我们有一项特殊的任务，那就是在校园内进行定向越野活动，借此机会深入探索学校的每一个角落。正是因为这次越野，我才真切地感受到清华校园的广袤与旖旎。我们穿梭在校园的每个角落，不仅领略到了自然风光的山水岛湖之美，还品味到了人文景致的厚重底蕴。从巍峨的二校门到静谧的水木清华，再到那些历经百年沧桑的古建筑群，每一处都散发着独特的魅力，令人赞叹不已。更令我感到震撼的是，这些历史悠久的建筑并没有被束之高阁，它们依然承载着教学、科研、文化活动的重任，让我仿佛能与过去的先贤校友们建立起一种跨越时空的精神连接。在学习之余，清华同样注重学生的生活质量。在衣食住行方面，学校为我们提供了最优质的条件。校园内共有十八个食堂，每个食堂都独具特色，风味各异。食堂师傅们不仅厨艺精湛，还时常外出学习，为我们带来新鲜的口味和创意。宿舍条件同样出色，远超北京的平均水平，让我们在舒适的环境中安心学习。在运动方面，清华同样不遗余力地为我们提供了一流的设施。除了常见的操场和体育馆外，这里还有游泳馆、健身房、滑冰场、射击场等多样化的运动场所。几乎奥运会中出现的所有体育项目，我们都能在这里找到相应的场地和设施进行体验。此外，清华还拥有自己的剧场和博物馆，时常举办高水平的演出和艺术展览。这些活动不仅丰富了我们的校园文化生活，还让我们无须出校便能享受到顶级的视听盛宴。总的来说，清华在物质层面给予了我极大的满足和惊喜。无论是学术氛围还是生活环境，这里都堪称一流。

在清华这座学术殿堂里，我得以真正拥有与大师级人物面对面交流的珍贵机会，向那些站在学术之巅的巨擘们请教困惑，汲取智慧。这里的老师们，每一位都拥有令人瞩目的履历和非凡的成就，他们不仅是学术界的翘楚，更是引领时代的先驱。专业课上的教授们自然不必多说，他们中的许多人都是享有盛誉的院士和大学者，不仅拥有深厚的学术功底，更有着丰富的教学经验。这些教授们会亲自参与本科生的教学工作，用他们的智慧和热情点燃我们对知识的渴望。更值得一提的是，就连清华的体育老师们都拥有着非凡的背景。他们中有的曾是奥运健儿，甚至获得过奥运金牌，他们的运动精神和专业素养都让我们深受感染。我最喜欢的跆拳道课老师，就曾多次代表国家参加奥运会和亚运会，取得过优异的成绩。每次上课，她都会为我们讲述她备战比赛的趣事，让我们在轻松愉快的氛围中感受到运动的魅力。除了日常的课堂教学，清华还为我们提供了丰富多样的讲座资源。在这里，你有机会与社会各界的大佬们面对面交流，探讨各种话题。我曾经有幸聆听过数学界的泰斗丘成桐先生的讲座，他深入浅出地讲解了学术研究的方法和态度；我也参加过科幻作家刘宇昆的交流会，听他分享翻译《三体》以及创作“丝绸朋克”的心路历程；甚至还与著名网络作家唐家三少进行过圆桌对谈，听他畅谈多年的创作心得和感悟。此外，清华的文艺氛围也十分浓厚。时常有文艺界的明星在清华的剧场里演出和举办见面会，让我们有机会近距离感受他们的艺术魅力。这些活动不仅丰富了我们的校园文化生活，也让我们有机会与这些艺术家们面对面交流，了解他们的创作过程和心路历程。在清华这座学府里，我得以接触到各行各业里最顶尖的人才，聆听他们的思想和见解。这些宝贵的经历不仅让我收获了丰富的知识和经验，更让我深刻体会到了学术的魅力和价值。

对我而言，清华带给我的最宝贵的财富，是给予了我许多的试错机会与不断克服一个又一个困难的体验。最初是通过高难度的数学物理题目与考试，在不断地磨炼中增加自己的逆商，提升自己面对难题的处理能力。随着学习的深入，我面临的困难也愈发复杂。面对完整的大作业项目，我不仅要掌握课堂知识，更要探索课堂外的边界，挑战自我极限。我与同学们组队合作，共同面对那些看似不可能完成的任务，我们互相鼓励、互相支持，将一个个构想从零到一变为现实。在大三、大四的时候，我在清华各种资源的支持下，将课程中的项目进一步拓展，将其带入了创业市场，并在多次比赛中经受住了真实投资人

清华大学工字厅

的考验。我将课上天马行空的想法，一步步地转化为真实的产品，并带着它走向社会，接受市场的检验。虽然这个项目最终并未成功，但正是清华给了我这一次试错的机会，让我在之后面对实际的困难时能更加游刃有余。这些解决困难的实践体验，让我在清华的日子里快速成长。我不仅增强了各方面的实践能力，更学会了如何在困难面前保持冷静、坚持不懈。这些宝贵的能力与经验，将伴随我步入社会，让我在未来的道路上，无论遇到什么困难，都能够游刃有余地解决，展现出清华学子应有的风采。

在清华的这些日子里，我的经历与体验，所收获的财富，都使我更加感激展辉老师对我的教育。回想起当初，正是因为老师们的悉心教导，让我坚定了考清华的理想。如果没有他们的引领与激励，我或许就错失了接触这些宝贵财富的机会。当然，其他的名校可能同样有着独特的就学体验与资源，但对我而言，这段经历无可替代。正是初高中时期的努力与进入清华后体验过的人、事、物，共同塑造了现在这样的更好的我，让我成为一个更加成熟、自信、有担当的人。

砥砺展辉，圆梦清华

肖尊球

转眼间，我已经从展辉学校毕业近十年时间，展辉马上迎来它的20周年庆。20年，对于一个人来说，或许只是生命长河中的一段短暂旅程；但对于一所学校而言，却足以积淀深厚的文化底蕴，培养出一批批优秀的学子。我有幸作为展辉学校的一分子，以优异的成绩考入国内顶尖学府——清华大学。站在这个新的起点上，回首过去，感慨万千。是展辉学校的教育培养了我，让我有了圆梦清华的机会。

回想起在展辉学校的日子，那些曾经奋斗过的日日夜夜仿佛就在眼前。记得当初，我还是一个对未来充满迷茫和不安的少年，是展辉学校的老师们用他们的智慧和热情点燃了我心中的希望之火。他们不仅在课堂上传授知识，更在课后耐心解答我们的疑问，关心我们的成长。在他们的悉心指导下，我逐渐找到了自己的学习方法和兴趣所在，成绩也稳步提升。

在展辉学校，我遇到了许多志同道合的同学。我们一起探讨学习问题，一起参加各种活动，一起度过了许多难忘的时光。那些日子里的欢声笑语、拼搏汗水，都成为我人生中最宝贵的财富。正是有了这些经历和记忆，我才更加坚定了自己追求卓越的信念。终于，在高三那年，我凭借着自己的努力和展辉学校的培养，成功考入了清华大学。当我收到录取通知书的那一刻，我激动得无法用言语表达。我知道，这是我人生中的一个里程碑，也是我梦想的开始。

进入清华大学，我仿佛置身于一个全新的世界。这里有着优美的校园环境和浓厚的学术氛围。古朴典雅的建筑与绿树成荫的小径相映成趣，构成了一幅幅美丽的画卷。清晨，我会漫步在校园中，呼吸着新鲜的空气，感受着这里的宁静与和谐；傍晚，我会坐在图书馆的窗前，沉浸在书海中，汲取着知识的养分。在清华，我遇到了许多优秀的老师和同学。他们不仅学识渊博，而且思维敏捷、见解独到。在课堂上，老师们用生动的语言和丰富的案例，将复杂的知识讲解得深入浅出；在课后，他们更是耐心解答我们的疑问，帮助我们克服学习上的困难。而与同学们的相处，则让我感受到了团队合作的力量和友谊的温暖。我们一起探讨学术问题，一起参加社团活动，一起度过了一段又一段难忘的时光。

清华的社团活动丰富多彩，让我有了更多展示自己的机会。我加入了学校的科技创新协会，与志同道合的同学们一起开展科研项目，探索未知领域。在这个过程中，我不仅提升了自己的科研能力，还学会了如何与人沟通、协作。此外，我还加入了学校的马拉松协会和自行车协会，积极参与各类活动。在马拉松赛道上，我挥洒汗水，挑战自我；在自行车协会里，我骑行于山水间，享受大自然的馈赠。运动不仅让我保持健康，更让我在忙碌的学习生活中得到了放松、找到了乐趣。在清华，我还遇到了我的人生挚爱，女朋友的陪伴也让我的清华生活多了一分色彩。

在清华的学习生活，虽然充满了挑战，但也让我收获满满。这里的课程设置严谨而丰富，老师们的教学方法灵活多样，让我能够全面、深入地了解各个学科的知识。同时，清华还注重培养学生的创新能力和实践能力，为我们提供了许多实践机会和平台。通过参与科研项目、实习实践等活动，我不仅锻炼了自己的实践能力，还加深了对理论知识的理解和应用。在清华的成长收获，无法用言语来衡量。这里不仅让我收获了知识和技能，更让我收获了自信和勇气。我学会了如何面对挑战和困难，如何保持积极的心态和坚定的信念。我也学会了如何与人相处、如何团队合作、如何为社会做出贡献。

回首自己的圆梦清华之路，我深感庆幸和自豪。是展辉学校的培养让我有了扎实的基础，是清华的教育让我有了更广阔的视野和更高的追求。我感谢母校为我提供了如此优秀的教育资源和环境，感谢老师们的辛勤付出和无私奉献，感谢同学们的陪伴和支持。

清华大学古月堂

展望未来，我将继续秉持展辉学校的精神和清华大学的学风，不断学习、不断进步。我将用自己的所学所得，为社会的发展和进步贡献自己的力量。我也希望更多的学弟学妹们能够像我一样，通过努力学习和不懈追求，实现自己的梦想和目标。

在清华的日子里，我更加深刻地理解了“自强不息、厚德载物”的校训。这不仅是一种学术追求，更是一种人生态度。在未来的日子里，我将以更加坚定的信念和更加饱满的热情，迎接每一个挑战和机遇。我相信，只要我们不断努力、不断追求，就一定能够实现自己的人生价值，为社会的发展和进步贡献自己的力量。

同时，我也希望每一个正在追逐梦想的人都能坚持自己的信念和追求。无论你的起点在哪里，无论你的目标有多么遥远，只要你肯努力、肯坚持，就一定能够实现自己的梦想。展辉学校的教育已经为我们打下了坚实的基础，未来的路还很长，让我们携手前行，共同创造更加美好的未来！

最后，再次感谢母校这么多年的栽培和关爱，祝福在母校求学的每一位学子都能珍惜这难得的学习机会，考入理想的高等学府，实现自己的人生理想。

第四篇　生命展辉

生命何以展辉？如果跟时代的崇高责任联系在一起，生命就会激昂不朽，熠熠生辉。“让生命展辉”是展辉学校的办学宗旨，也是一代代展辉人血脉相承的永恒印记。

在平凡中进取

陈远航

成长悟语

相对来说，绝大多数人都很平凡。金钱与权力、能力与智慧，永远是人外有人，过了这峰还有那峰。接受自己的平凡，是认清生活的第一步。

因为比高中的学弟学妹们大不了几岁，人生阅历和智慧更不如学校的老师们，若要表达对生命、理想等的看法，恐怕都是些招笑的拙见。以下仅是我自己的浅薄观点，不当之处还请读者原谅。

首先想说一点，平凡是生活的本色。我真正认识到这一点是在进入清华以后，在此之前我一直都觉得自己比较优秀，刚被清华录取时更是觉得自己成了“天选之子”，现在回想起来确实有点得意忘形了。来到清华，我见识到了天才可以达到什么地步，我与真正顶尖的人才相比，就像是猿猴之于人类。原来我这么普通！信心的崩塌令我一时有些接受不了，相当一段时间都萎靡不振。直到我渐渐明白其实大部分人都是平凡的，自己只是一个普通人，只是凭借着幸运与努力考入清华。平凡是个相对的概念，相对来说，绝大多数人都很平凡。金钱与权力、能力与智慧，永远是人外有人，过了这峰还有那峰。接受自己的平凡，是认清生活的第一步。

平凡的人生也可以获得幸福和成就。从前我总将幸福定义于外物：假如我拥有一双新球鞋，多么幸福；假如我买一台新电脑，多么幸福；假如我日后能在北京买得起房，多么幸福……现在我越来越觉得幸福只取决于自己当下的感觉，如果总是将幸福预设在未来的一个目标上，恐怕很难拥有持续而稳定的幸福感，大部分时间都在追逐目标和目标身上那飘忽不定的感觉。我很喜欢一句歌词：“每次我想说抱怨的话，都发现没有理由，现在我拥有的一切，曾经都梦寐以求。”这句歌词提醒我不要忘记初心，往往能让我发现身边人和事物的珍贵。专注且满足于自己所拥有的事物，因为比较是幸福的小偷，不要因为他人的状况影响自己的幸福感。满足与进取并不矛盾，不嫌弃自己目前拥有的，也不排斥追求更好的。我对于成就的理解是付出而非得到。我们崇拜和敬仰的，往往不是达官显贵或巨商富贾，而是那些为人民事业、为他人幸福鞠躬尽瘁的人。做一个平凡的人，同样可以在自己的工作中发光发热，同样可以取得了不起的成就。

不瞒大家，我曾经对我所就读的中核定向专业十分悲观，按照网络上的说法，这个专业“钱少、约束多、没前途”，这些观点一度令我长时间处于消极状态。按说自己都考上清华了，毕业后年薪百万应该不是梦啊，至少也得五十万吧。后来我发现自己的想法不对，首先是因为对毕业生的平均薪资不了解，其次是对就读清华的理解不正确。本科及研究生毕业的薪资很少有达到我原本所想的那个恐怖数字的，除非业务能力超强的天才少年。而就读清华为我提供了良好的学习平台，我可以凭借这个平台努力学习增长才干，却不应该指望这个名头为我带来利益。退一步说，中核集团的平均薪资在全国企业来说不算低，成长空间更是广阔。此外，对工作的选择还要考虑其背后意义，核工业是国防体系中的重要一环，进入这个行业工作，是青春报国的好途径。对于有选择困难症的我来说，不用选择其实就是好的选择，我渐渐发现，中核定向是适合我的，我也将在核工业领域继续深耕，“做隐姓埋名人，干惊天动地事”，不辱清华人的报国使命。

另外，我想谈谈对人生中遇到各种困难的理解。我最困难的时候，大概就是进入清华的第一年。知识理解不了，时间不够用，我几乎是用尽了所有力气才追上周围人的脚步，但最终的成绩仍不理想。大一寒假时，我向父亲说起了自己在学校遇到的困难，他告诉我，人只有在感到困难的时候才能进步，这句话烙印在了我脑海中，被我奉为人生的信条之一。在电影《这个杀手不太冷》中有一句台词："Is life always this hard, or is it just when you're a kid?（是不是人生总是如此艰难，还是只有童年如此？）"电影中的回答是"Always like this"。我有时不禁把"童年"换成"大学"，因为我确实感觉很累，想到日后工作还要面对各种各样的挑战，我对人生都没什么盼头了。想法改变之后，面对困难并不像我原本想的那么糟糕了，我认为如果自己能够不断成长，最后也有希望在事业上做出更多成绩。钢铁都是千锤百炼出来的。

最后谈谈信仰。没有信仰的人就像是在黑夜中行路，没有方向，并且很容易被困难打倒，而"一个人一旦知道自己为了什么而活，他就可以忍受任何一种生活"，建立信仰对我们来说是必要的。大二时我成为一名预备党员，现在已经转正成为正式党员，我的信仰是共产主义。我们都生长在社会主义红旗下，对共产主义这个词语并不陌生，但对共产主义的理解多少都有些欠缺。总的来说，共产主义是一种革命性质的信仰，要消灭私有制和阶级，消灭剥削和压迫，实现社会的公平正义与人的自由发展。共产主义信仰与我们对公义的朴素期待是一致的，我们在看到社会上一些黑暗的现象时，要多思考其中的本质问题，并从自身做起，让社会多一份浩然正气。就像共产主义中核心的"废除"观念一样，我们应该多反思己身，发现并改正自己的问题。以一段清华大学未央书院马克思主义研究协会公众号上的文字作为结尾：做知行合一的真马克思主义者，不做言行不一的口头革命派，你是否在生活世界中善待你身边的工农群众，你是否愿意分享你的财产和力量来帮助他人，你是否把你的观点作为一种商品来估价出售，你是否具备反躬自省律己而后正人的道德观，你是否比你的批判对象更加热爱自己的祖国，你是否超越了个人的境遇来评判当下的时代。与各位共勉，希望大家时刻警醒！

未来可期

吴子祎

成长悟语

无论我们处于人生的哪个阶段，都应该保持一颗积极向上的心，勇敢地去追求自己的梦想。同时，我们也要学会珍惜身边的人和事，感恩生命中的每一个瞬间。

回顾我的成长经历，不可避免有小挫折，但总体而言是顺利的，在挑战中把握机遇。每一步的选择和心态变化，共同塑造了我现在的学习、生活状态，并指引着我未来的发展规划。

我的家庭不是非常富裕，但是完整而充满爱。我的父母鼓励我独立、自主学习，自己决定自己的未来，他们不会强行干预我的选择，往往会尽力支持。他们始终坚持让我多读书，会为我的每一次升学而感到骄傲和自豪。在他们的支持下，我逐渐培养出了对知识的渴望和对梦想的执着。在持续学习和综合发展的过程中，我逐渐认识到，成长是一个不断学习和进步的过程，只有不断努力，提升自己的专业技能，才能成为更好的自己。

在生活中，我学会了如何平衡学习与个人生活，如何在忙碌中保持一颗宁静的心。上大学之前的我，不曾去远方旅行，看过的风景也很局限，进入大学之后，学习和科研之外，我时常去北京的公园闲逛，感受不同季节的美景；趁着实践的机会，和同学们一起到不同的地方，感受当地的风土人情，学习地方治理发展思路和政策；假期，和高中、大学同学一起去旅行，加深情谊的同时探索不同的文化和风景。这些经历让我更加珍惜生命中的每一个瞬间，也让我更加坚定地追求自己的理想。

关于未来，我希望能够继续深化自己的专业领域，增加自身底气，以更好的状态应对将来的科研或工作。同时，我也希望能够有更多的时间去陪伴家人、朋友，去体验生活中的美好。此外，我还希望能有机会享受个人生活，参与更多的公益及志愿活动，贡献自己的一份力量，做一个对社会有益的人。

生命是短暂的，我们应该珍惜每一个时刻；人生是多彩的，我们应该勇敢地去追求自己的梦想；理想是远大的，我们应该坚定信念，不断为之努力。

无论我们处于人生的哪个阶段，都应该保持一颗积极向上的心，勇敢地去追求自己的梦想。同时，我们也要学会珍惜身边的人和事，感恩生命中的每一个瞬间。只有这样，我们才能在成长的道路上不断前行，成为更好的自己。

生命是认真度过的每个瞬间

曾菱衣

成长悟语

我时常觉得往事不堪回首，但有时候又觉得鲁莽也是一种可爱。我们无法两次踏进同一条河流，正因如此才彰显出每一次选择、每一种体验的可贵。

大学毕业后，与大多数人纠结于读研和就业不同，我从一开始就没有考虑读研，主要是由于在学习过程中有些迷茫，没有找到自己喜欢、适合或擅长的方向，所以想换个环境，也许在工作中能够有更加清晰的感知，到时再选择回校读研也不迟。我的第一份工作是在普华永道会计师事务所北京分所做审计员。“四大”作为会计师的黄埔军校，拥有成熟的培训体系和透明的晋升机制，从招人时不限专业这一点就可以看出其对自身培养能力的自信。选择四大作为职业起点，成长速度就是最不用担心的事情。

我在普华永道北京分所工作了三年半的时间，从懵懂青涩的小朋友变成可以独当一面的现场负责人，从看不懂各种会计分录和工作底稿到熟练地运用准则出具调整意见，在这里学到的专业知识和工作技能为我的职业生涯打下了坚实的基础。应该很少会有一份工作能够让刚毕业的学生在三年内就开始承担项目管理职责，这样的机会在四大却比比皆是。我在普华永道时主要为58同城提供审计服务，前两年主要负责财务报表具体科目的审计程序，从第三年开始接触更为复杂的合并报表以及重大交易的会计处理，并逐渐承担项目负责人的职责。由于58同城项目组人数众多，很多事情都有同级的同事帮忙分担，压力不算太大。为了锻炼自己，我主动请缨独自负责58到家项目的年度审计，这才体会到真正成为现场负责人时的压力。作为整个项目的中心枢纽，负责人在承担复杂项目工作的同时，还需要把控项目整体进度，并对接项目组成员、客户、经理及合伙人三方面的需求，不断切换立场考虑问题并提供解决方案。最典型的情况是一天下来自己手头的工作毫无进展，全都花费在解决临时问题和多方沟通协调上。这样一个年审下来通常会身心俱疲，但是在看到审计报告顺利发布的时候，心里的成就感也是无可比拟的。

由于审计工作具有很强的周期性，每年闲季时就是读书充电的好时机。四大为员工报考注册会计师考试提供了很大的便利，不仅提供考试补贴，考试前还能申请到两个月左右的假期，可以专心备考。每年都能听到某某大神一年过六门的英勇事迹，我自愧不如，按部就班地一年考两门，恰好在离开普华前拿到了注册会计师的非执业会员证，就当是从四大会计师事务所拿到的毕业证书了。在四大的日子里，辛苦是难免的，但我依然充满感激，感谢它教会我的一切，也感谢认真度过每个瞬间的自己。

在普华永道的生活虽然忙碌且充实，但经历了前几年的快速学习期后，在专业知识的积累上已经达到了一个瓶颈，再往后主要是管理能力和营销能力的提升。而我当时选择四大主要是为了提升专业能力和积累工作经验，为之后的发展打好基础，再加上长期高强度的工作对精神和身体消耗比较大，我开始寻找新的机会。

当时我并没有明确的方向，一天有一个猎头联系我，问我对华能信托感不感兴趣。起初我对信托行业知之甚少，还是通过在网上检索信息，才对这个行业和这家公司建立起基本的了解，有了模糊的概念。在第一次面试之后，我和当时的同事聊起这家公司，意外得知有个普华的前同事跳槽到IDG资本之后，又来到了华能信托，目前正在公司就职。这让我对华能信托充满了兴趣，究竟是怎样一家公司才能在职场人的工作选择中打败IDG？在接下来的日子里，我一边面试，一边通过那位前同事了解华能信托，想要加入这家公司的想法也越来越强烈。作为近年来迅速跻身行业前三的信托公司，华能信托在业内相当低调，经营风格稳健，又常有创新突破。我的面试过程长达五个月，从笔试、人力面试、业务部门面试到最终的高管面试，我终于顺利入职。回头来看自己的职场经历，我庆幸的是自己在每个时间点都做好了准备，才能顺利迎接每一份幸运的到来。

有人说，人成长的一大标志就是回看以前的经历和文字，会尴尬得用脚趾挠出“三室一厅”。对此我深有体会，我时常觉得往事不堪回首，但有时候又觉得鲁莽也是一种可爱。我们无法两次踏进同一条河流，正因如此才彰显出每一次选择、每一种体验的可贵。我也曾经焦虑，质问自己是否虚度光阴，但回想过去的每一刻，我都已经做出了当下力所能及的最好选择。

未来的故事还很长，我想借用《无问西东》中张果果最后的独白作为结束，与大家共勉：“愿你在被打击时，记起你的珍贵，抵抗恶意。在迷茫时，坚信你的珍贵。爱你所爱，行你所行，听从你心，无问西东。”

三个问题

邓联建

成长悟语

大多数事情的判断并不是非黑即白，当你面对无法理解的事情时，或许可以换一种更灵活的思维方式去看事情多面，如此你才有机会了解事情的全貌。

“把大象装进冰箱需要几步？”在回答这个问题之前，通常我们也会问下面两个问题：“把大象装进冰箱是否可行？”“为什么要把大象装进冰箱？”出于实际需求：我们需要冰箱来冷冻保存大象或仅仅是需要冰箱作为一个容器储存大象。对于“把大象装进冰箱”的可行性分析，我们可能需要引入体积的概念，如果大象的体积 < 冰箱的体积，那么我们便认为“把大象装进冰箱”是可行的。用更通俗一点的话来讲，如果大象跳进装满水的桶里所溢出的水能被冰箱装下，那么我们就认为冰箱可能装下大象。可行性的回答并不意味着解决了“把大象装进冰箱”的难题，在实际操作的过程中，我们还会碰到冰箱体积利用率不足 100% 或是冰箱门不够大导致大象无法进去等非理想情况。而可行性回答的否定也并不意味着“把大象装进冰箱”难题的不可能，聪明的工程师会想到把大象进行压缩之后再装进冰箱，而这就是创新。

生活中的大多数问题可以转化为以上三个问题，对于每一个问题的回答是否有一套可行方法论呢？其实我们可以来参考一下机器是怎么学习的。

机器学习（Machine Learning）是人工智能（AI）的一个分支，它使计算机系统能够利用数据来自动改进性能。机器学习的核心是开发算法，这些算法可以从数据中学习模式和规律，并用这些知识来做出预测或决策，而无须进行明确的编程。

机器学习的过程大多是一个构造“黑盒”的过程。“黑盒”理论是一个广泛应用于多个领域的术语，它描述了一个系统或设备在其内部工作机制未知或不透明的情况下，如何通过观察其输入和输出来理解和操作该系统。生活中的很多事物都是“黑盒”，我们很难了解其全貌，一个简单的问题：“如何把大象装进冰箱里？”都可能衍生出极其复杂的情况，因此，通过参考机器学习，我们或许能收获不一样的结果。

信息获取问题

数据的优劣在很大程度上决定了机器学习的效果。在现实生活中，信息收集全面的人往往能够快人一步。通常我们的信息来源可以分为三种：一是电子资源，包括网络论坛、短视频网站、电影甚至游戏等；二是纸质资源，包括各种书籍、报纸等；三是人，我们最熟悉的是父母、老师等。三种不同的信息来源途径各有优劣，电子资源包含的信息量最大，同时也最难辨别；纸质资源可信程度较高，但获取难度大，成本高；熟人口口相传的信息我们最容易信赖，但由于传授人本身的局限性，传递的信息可能会被更改，存在一定程度的失真。

在机器学习中，我们所能找的数据大多是无标签的，比如各种各样没有分类的图片。但我们所获取的信息大多是有标签的，很多时候我所看到的都是观点，而不是事实，对于同一个事实会有很多不同的观点。当然，这世上本来就有很多事情是混沌的，但对于我们要解决的问题来说，对信息的重要程度进行判断是非常关键的。

在网络搜索结果的排序中，基于马尔可夫链的 PageRank 算法起了重要的作用。一个搜索词对应的结果库是巨大的，那么如何判断哪些结果与搜索词相关性更强、更加重要呢？ PageRank 算法基于马尔科夫链的思想，将互联网视作一个巨大的有向图，其中每个网页是一个节点，网页之间的超链接是有向边。在这个模型中，一个网页的重要性由指向它的其他网页的数量和质量决定。其通过模拟一个随机游走者在这个有向图中的行为来计算每个网页的重要性。

此外，无论是信息过少还是信息过多的情况，对信息关键特征的提取都至关重要。一张小狗的图片，将它左右旋转或是上下翻转之后，我们仍然会认为它是一条狗，而不是其他东西，那么在这些操作下不变的量就是我们判断的依据，这也是我们所需要的关于这只狗的图片的特征。

信息处理问题

在机器学习里对于模型的拟合中，我们常常会遇到以下两种情况：一是欠拟合，二是过拟合。

欠拟合比较容易理解，其指的是模型拟合能力不足，无法被训练成一个合理的“黑盒”以满足我们所提供的数据。稍微了解过一点数学的同学应该知道，如果数据点是二次函数分布的，那么用线性函数的模型是无法拟合得很好的。

过拟合的情况则更加复杂。模型能够很好地给出一个我们满意的“黑盒”，但是实际上我们所提供给模型的数据是存在误差，即模型接收到的数据是存在谬误的，如果模型完全按照所给数据来考虑，那么最终给出的结论可能与实际情况会有所偏差。

大多数事情的判断并不是非黑即白，当你面对无法理解的事情时，或许可以换一种更灵活的思维方式去看事情的多面,如此你才有机会了解事情的全貌。

优化问题

在机器学习中，局部最优解始终是寻找目标函数最优值头上的一朵乌云。大多数寻找最优值的方法都是采用“贪心法”的思路，往函数值下降（上升）的方向走，这样固然能够找到低谷，但是实际上在很多情况下翻过山顶之后，我们或许能够找到更加低的山谷。然而，只采取“贪心法”的思路，是不会尝试去翻过山顶的。

大多算法解决局部最优解的思路是通过引入随机因素来增大搜索空间。例如，尽管在这个方向上，函数结果会变得更差，但我们仍然有一定概率走这个方向，即尝试去翻过山顶，去更多的山谷中转悠，比较哪个山谷更低。尽管这样并不能保证全局最优解，但效果已经比只在一个山谷转悠要好很多了。

人生路上有很多岔路口，大多数时候我们往往基于目前的情况考虑选择较优的那一个路口，但这实际上有可能导致我们陷入局部最优解。有时，我们也会做出“错误”的选择，但请你不要灰心，也许这个“美丽的错误”最终会让你找到全局最优解。

做另一个自己

庚金泓

成长悟语

高考并不能决定我们的命运，你才是自己命运的主宰。当你有一个目标，有自己的梦想，有开始的魄力，有持之以恒的决心，那我想，没有什么是不可能的。

我读大学时不喜欢体育锻炼，完成学校的基本要求之后不会再额外锻炼，但我现在却热爱上了运动。我有两个朋友，毕业之后仍经常相约跑步或进行户外活动。一个人跑步固然随心所欲，却不及朋友之间的言笑晏晏，每到周末一块儿爬山、逛公园，乃是难得的轻松自在的时光。

我本科就读于清华大学机械工程系，大学生活并不完美，出于对自己对本专业非适配性的认识和一些偶然的动机，我最终决定离开机械行业并试图跨考进入金融行业。在大三暑期进组做 SRT 时，同组的博士师兄从北京市自然科学基金的项目中找到了商机，当时他们的产品可以使核磁共振仪拍出来的图像更加清晰，并且在清华大学长庚医院得到了应用，效果不错，最后师兄也是顺利拿到了中信建投的天使轮融资，成功创立清超卓影科技有限公司。从那时候我就看到了金融的重要性，它可以给创业者提供资金支持，是创业者互相成就的过程，因此我心里就有了跨考金融的想法，虽然我最后可能不在制造业领域工作，但我同样可以学金融来服务制造业，服务实体经济。

第一次备考是从9月份开始的，没有充分准备，时间不足，未报网课的情况下专业课学得相当吃力，加上一些课程压力，最终未能如愿。一些高中同学保研了或考公上岸了，落差之下不免对自己心灰意冷，当时做什么事情都提不起兴趣，甚至郁郁寡欢。好在我内心足够强大，经过一系列内心挣扎之后，我最终决定，再试一次。

做出这样的决定既是深思熟虑，也是水到渠成。首先，我有强烈的意愿，我不愿意选择工作时去做自己不喜欢和不擅长的事情；其次，一些必要条件也已具备。在做自己的本科毕设时，我和导师谈到了自己的未来规划，我的导师向我抛出了橄榄枝，让我做他的科研助理，同时允诺留给我一定的时间用于备考，我接受了，能够在学校进行备考，同时不用担心租房问题，还能拿到一笔工资，没有拒绝的道理，我心里只有满满的感激。

如果没有选择留校，我想必会接受其他工作。有了第一次的基础，完全不需要脱产学习，如果脱产备考，一些高校老师也会认为你学习能力不够，何况我对自己也有足够的自信。

第二次备考的过程是煎熬的，每天完成导师交代的工作之后，我便着手复习，因为有了前一次备考的基础，我显得有条不紊，按部就班。早出晚归的日子一天天过去，最后迎来了收获，我顺利地进入了复试。

我想要分享一下自己的复试经历，“五道口金融学院”的复试内容别具一格，除了笔试外，还有单面和群面。其中群面又名无领导小组讨论，说实话，这对我来说一点都不友好。通过给一组考生（10人）一个讨论的议题，在不指定领导的情况下，自由地进行一定时间的讨论，来检测考生的语言表达能力、人际关系处理能力等。因为之前并未参加过这种形式的面试，因此只能联系进入复试的其他同学，大家互相练习模拟。几次模拟之后，我大概熟悉了面试的流程和我需要做的事情。复试的那一天，心情仍然紧张，单面过程回答错了一些问题，群面也说话不多，好在我还是保持了基本自信，整个过程差强人意。等候结果的过程是一种审判，然而上天并未眷顾我，复试还是失败了。

万般皆苦，唯有自渡。最近在某平台看到的一些话，让我共情不已。“小时候觉得忘带作业是天大的事；高中的时候觉得考不上大学是天大的事；恋爱的时候觉得和喜欢的人分开是天大的事；大学毕业时觉得没有一个稳定的工作是天大的事。但现在回头看看，自己曾经那些难以跨过的山，其实都已经跨过了，曾以为不能接受的，也都渐渐接受了。生活充满了选择，遗憾也不过是常态，失败也总是贯穿人生始终的。其实人本身就是无论做什么选择都会后悔，只是习惯去美化自己当初没有选择的另外一条路，可是大家都心知肚明，就算时间重来一次，以当时的心智和阅历还是会做出同样的选择，那么故事的结局可能没那么重要了。我想人生就是一场享受过程的修行，与其后悔当初，不如回头看，轻舟已过万重山；向前看，前路漫漫亦灿灿，抬头看，满目星光甚灿烂；低头看，荆棘坎坷已过半。”

在这里我将自己的伤疤揭露人前，仍愿意给学弟学妹们一些我的心得体会。

之后的面试肯定还有无数场，关键是要保持自信。自信心的培养又是一个多方面的过程，最简单的，每天对自己说一些积极的话，培养自我肯定的习惯。最重要的，自身各方面实力的提高才是自信的根源。通过设定可实现的目标，积极面对挑战并克服困难，逐步增强自己的自信心。总之，自信心的培养需要时间和努力，自信和优秀是相伴相生的。

两次备考，我有些许收获。首先，跨考，不仅是知识的跨越，更是心态和毅力的考验，当我们用坚定的信念和不懈的努力去面对挑战时，那些看似高不可攀的目标，也逐渐变得触手可及；其次，备考过程中应保持良好的心态，并不单指面对困难相信自己并克服困难，也指不应被外界信息所干扰。尽可能屏蔽来自社交媒体、朋友圈或各种备考论坛的干扰，保持内心的平静与专注。

人生有许多场重要的考试，高考、研究生考试、省考、国考等。备考过程中，我们要学会坚持和努力，考试过程中，我们要学会冷静与应对，结果出来的那一刻，我们更要学会接受与面对。它们是知识的检验，是意志的磨砺，更是人生轨迹的转折点。

未来并不明朗，如果选择调剂，半只脚跨入金融行业，针对一个自己相对不熟悉的领域，我也畅想过未来。对于自己来说，目前的想法偏向于风险投资。为了做一个合格的投资人，首先最基础的，学好相关专业课知识，提升专业素养；其次，备考相关证书以提高自己的竞争力；最后，积极参与实习实践，最好能在一些风投机构积攒经验。正如今日资本徐新所提倡的“build business for China”，我心里也时刻秉持着金融为实体经济服务的宗旨。

我家里条件并不好，但我的家人一直在支持我、关心我、爱护我，我感到十分幸福。有句话在网上流传很广，“想要做金融，需要钱和家庭背景”，显然我并没有。一切的决定都是我自己做的，我自然会对自己负责，不存在后悔的选项。既然选择了一条自己并不熟悉的路，那就意味着我需要付出比别人更多的努力，未来会更加坎坷。当然这些都没关系，我是乐于接受挑战的人，我还年轻，我还有激情去追逐自己想要的生活。

就读于清华，我没有囿于现状待在自己的舒适区，而是选择了另一个毫不相干的专业。针对我自己的经历，我想说的是，高考并不能决定我们的命运，自己才是自己命运的主宰。当你有一个目标，有自己的梦想，有开始的魄力，有持之以恒的决心，那我想，没有什么是不可能的。

正是初春，走在校园的水泥路上，鸟语花香，微风拂面，阳光普照，天空湛蓝。在充满希望和期待的日子里，未来才刚刚开始。

生命展辉

易雪晴

成长悟语

在中学阶段，我深知学习的重要性，因此从未在学习上有所松懈。无论是平时紧张的上课时间，还是难得的假期，我都始终坚守着自己的学习计划，持之以恒地投入到学习中。

从展辉到清华，我在求学路上已上下求索了十多年，而未来的我还将继续在学术道路上一路前行。虽然我一直身处学校的象牙塔中，但在这个过程中，我也历经了无数的成长与蜕变。每一次的考试、每一次的竞赛、每一次的课题研究，都是对我意志和能力的考验。这些经历不仅让我积累了丰富的知识，更让我学会了如何面对困难、如何调整心态、如何与他人合作。在此，我也想分享一些我成长路上的心得。或许这些心得并不足以构成成功学的经验，但我相信它们或许能给读者以启发。

我认为，对我人生影响最为深远的，无疑是树立一个高远的目标。在走进展辉之前，我从未设想过能有机会进入清华这样的学府深造，甚至在展辉学习的初期，我也未曾将考上清华作为我学习的明确动力。然而，正是在老师们的悉心教导和学校教育的熏陶下，我逐渐认识到树立高远学习目标的重要性。从那一刻起，我仿佛找到了一盏指引我前行的明灯，让我拥有了无穷无尽的学习动力。初中和高中阶段，我全身心地投入到学习中，不断提升自我能力。我深知，要实现那个高远的目标，就必须付出比别人更多的努力和汗水。我利用一切可以利用的时间，钻研课本，拓展知识，不断提高自己的学习成绩。每当遇到困难或挫折时，我都会想起那个目标，它像一座灯塔，照亮我前行的道路，让我勇往直前。进入清华后，我更是将攀登学术高峰、追求学术理想作为我的目标。我深知，在这个充满挑战和机遇的学府里，只有不断努力、不断进取，才能取得优异的成绩和成就。因此，我更加珍惜这里的学习机会，努力学习基础理论知识，积极投入实验室的科研工作。我希望能在生物医药领域有所发现和成就，为人类健康事业贡献自己的力量。而未来，这一目标将继续激励着我前行。我将继续在学术高峰上攀登，不断挑战自我、超越自我。

对我而言，坚持和毅力也非常重要。树立一个远大的目标或许只是开始，但如何持之以恒地执行并为之付出努力，却是更为艰难且至关重要的环节。在中学阶段，我深知学习的重要性，因此从未在学习上有所松懈。无论是平时紧张的上课时间，还是难得的假期，我都始终坚守着自己的学习计划，持之以恒地投入到学习中。为了营造更好的学习氛围，我甚至在假期时也会选择来到学校，与志同道合的朋友们一同自习，共同探讨问题。这种沉浸式的学习方式不仅提高了我的学习效率，更让我在学习的道路上找到了乐趣和动力。进入清华后，面对更加激烈的竞争和更高的学术要求，我并未因此放松对自己的要求。我深知每一门科目、每一次考试都至关重要，因此我以更加认真的态度对待它们，努力在高手云集的环境中脱颖而出。为了追求我的科研理想，我将大部分的课余时间都投入到了实验室的实践中。我深知科研并非一蹴而就的事情，需要长期的积累和坚持。因此，我耐心地进行实验，不断尝试新的方法和思路，即使遇到困难和挫折也从未放弃过。我坚信，只要持之以恒地付出努力，就一定能够取得收获。正是这份坚持与毅力，让我在学术道路上不断前行，不断取得新的成就。未来，我将继续保持这种精神，不断努力、不断进取，为实现自己的梦想和目标而努力奋斗。

我深信，保持一个良好乐观的心态在我的成长过程中起到了至关重要的作用。中学时期，面对每一次大考，我都会努力保持一颗平常心。尽管有时候也会感到紧张和焦虑，但我总是能够通过自我调整来化解这些负面情绪。我采用了一种“最坏假设法”来疏解心态，想象即使考试成绩不理想，生活也并不会因此发生太大的变化。我告诉自己，这只是一次考试，不是决定命运的终点，只要下次更加努力，就一定能够取得更好的成绩。在高考时，我也会想象，就算发挥不好，上不了清华，其他的学校一样有顶尖的资源，能够帮助我实现自己的理想。这种乐观的心态让我在面对考试时能够保持冷静和自信，从而发挥出自己的最佳水平。进入大学后，这种乐观的心态更是成为我应对各种挑战的重要武器。在清华这样一所顶尖学府，学业压力、科研挑战和人际关系的处理都更加复杂。然而，我始终保持着乐观的心态，将困难视为成长的机会。当遇到难以解决的作业或项目时，我会告诉自己：这是在清华，能够在这里学习本身就是一种荣幸和挑战。如果任务能够轻松完成，那也就不配称为清华了。因此，我会尽我所能去克服困难，即使结果并不完美，我也会认为已经超越了过去的自己，取得了进步。这种乐观的心态让我在面对困难和挑战时能够保持积极向上的态度，不断寻找解决问题的方法和途径。它让我相信，只要我持续努力、坚持不懈，就一定能够战胜困难，实现自己的目标。

光阴荏苒　未来可期

曾　兴

成长悟语

人对于自己的出身没得选择，但对于过怎样的生活可以选择。对于出生在武冈的我们而言，如果想要走向更大的世界舞台，成就更大的事业，过更精彩的人生，那么毫无疑问，学习将是我们最快的捷径。

时间总是在不经意间就过去得飞快，一转眼入学展辉已经是 18 年前的事了，毕业也已经 12 年了。回头看我自己的人生，最大的感慨有三点。

第一，知识改变命运，教育改变人生。回过头去看，当年那个农村娃子从邓家铺镇来到展辉参加招生考试的那一天，是我后面所有人生的转折点。是教育和知识，让我从聚宝村走到邓家铺镇，然后到武冈，然后到北京，到全世界；也是教育和知识，让我从一无所有，到今天算是略有成就。人对于自己的出身没得选择，但对于过怎样的生活可以选择。对于出生在武冈的我们而言，如果想要走向更大的世界舞台，成就更大的事业，过更精彩的人生，那么毫无疑问，学习将是我们最快的捷径。

第二，天道酬勤，努力就会有收获。上学的时候，我在书桌上写下过一句话勉励自己——夜来一笑寒灯下，始是金丹换骨时。现在想来，也正是一个个上课听讲、课间依然坐在课桌上刷题的瞬间，是一个个假期独坐书桌前整理英语笔记，是暑假依然在学校里独自学习的日日夜夜，成就了后来的我，是那一点一滴，逐渐让人脱胎换骨，金丹大成。多少年之后的我，依然感激当年那个独守书桌、一点一点吸收知识壮大自己的少年。

第三，不要因为眼前的一时困顿、挫折而过分痛苦。很多眼下看起来重要的东西，比如其他同学的零花钱更多，有一个更好的手机，又或者是穿着更大牌的衣服等，等十年后回过头来看，会觉得非常的可笑，因为那一切东西，在后来都会变得唾手可得。少年人，就该有“会当凌绝顶，一览众山小”的志气，就该有“须知少年凌云志，曾许人间第一流”的傲气，又或者是“春风得意马蹄疾，一日看尽长安花”的狂气。恰同学少年，风华正茂，未来可期。

梦想在路的前方

袁 峰

成长悟语

生命如同一本厚重的书，每一页都值得仔细品味。每一个时刻都是独一无二的，每一个经历都留下了宝贵的教训和回忆。我学会了珍惜眼前拥有的一切，包括那些平凡的日子和那些不经意的笑容。

当我回首自己的成长历程，每一个阶段都像是人生中的一本书，记录着我奋斗、成长和收获的点滴。这本书的每一页，都是我成长的见证，也是我人生的财富。它记录了我奋斗的足迹，见证了我不断追求梦想的过程。我相信，在未来的岁月里，我会继续书写这本书，记录更多的故事，追寻更高的梦想。愿这本书的篇章，永远充满激情和希望，为我的人生注入无限的动力和勇气。

成长经历

从初入清华大学，到如今在中国科学院攻读直博，这段旅程充满了挑战和收获。在清华，我不仅在学业上打下了坚实的基础，还培养了坚韧不拔的品质和勇往直前的精神。每一次在科研实验室里的探索，都是知识的积累和智慧的启迪。在那些寂静的实验室里，我与同学们一同解决一个个科学难题，每一次的成功都是对自己努力的肯定，每一次的失败都是对自己的挑战。这些经历不仅让我对专业知识有了更深入的理解，也锻炼了我的解决问题的能力和团队合作精神。

如今在中国科学院，我更是沉浸在科学的海洋中。在这里，我有幸与优秀的导师和同仁们一同探讨前沿的科学问题，每一次的交流都让我受益匪浅。他们学识渊博、思维开阔，每一次的指导和建议都为我的研究道路指明了方向。在这个充满激情和智慧的环境中，我不断挑战自我，不断突破自我，努力探索未知的领域，为科学的进步贡献自己的力量。

对生命和人生的思考

在成长的过程中，我越来越深刻地体会到生命的宝贵和人生的意义。生命如同一本厚重的书，每一页都值得仔细品味。每一个时刻都是独一无二的，每一个经历都留下了宝贵的教训和回忆。我学会了珍惜眼前拥有的一切，包括那些平凡的日子和那些不经意的笑容。这些都是构成生命的珍贵瞬间，值得我们倍加珍惜。

人生则是一段旅程，充满了起起伏伏，但每一步都是前行的力量。在人生的道路上，我们会遇到各种挑战和困难，但正是这些挑战让我们变得更加坚强，更加勇敢。每一次的跌倒都是为了更坚定地站起来，每一次的挫折都是为了更勇敢地向前迈进。人生的道路或许会曲折，但只要心怀信念，坚持不懈，就一定能够走出自己的一片天地。

启发和鼓励

在人生的道路上，每个人都会遇到各种挑战和困难，但只要心怀信念，勇敢前行，就一定能够战胜一切困难，实现自己的梦想。人生就像一段漫长的旅程，充满了未知和变数，但正是这些挑战和困难，让我们不断成长，不断进步。无论是挫折还是困境，都是我们前行路上的一道坎坷，只要我们不气馁，不放弃，勇敢面对，就一定能够迎难而上，找到解决问题的方法，走出困境。

愿我的经历和思考能够给读者带来一些启发和鼓励。每个人都有自己的梦想和追求，面对挑战时，不要轻易放弃，要坚持不懈，坚定信念，勇敢向前。正是在跌倒与爬起的过程中，我们才能更加坚强，更加勇敢，最终实现自己的梦想。让我们共同努力，共同前行，为了美好的未来，为了我们的梦想，勇往直前，创造属于我们的辉煌。

一刻也别停留

杨晨熙

成长悟语

原来随着我的成熟，幻想会逐渐回归为想象，会因为我能力的提升而逐渐推动我迈向未来，就像让我在过去短暂的抉择中毅然决然的选择另一条道路，然后带着信念猛然前进，一刻也不会停留。

我今年刚满十八岁。生命对我而言，似乎只是开了个头。

但当我正式站在生活的舞台上，却感觉，生命这趟列车，已经驶去良久，就好像，一刻也未停留。

错题

在我的中学时期，我从未停止过幻想。

要是我长得帅一点，那个女孩是不是就会喜欢我了；要是我家庭优渥一些，家长是不是就不会这么鸡娃了；要是这道题我没做错，那么这次考试第一是不是就是我了……

幻想，对于少年而言，是青春期恰如其分的脑域现象，也是令人心醉神迷的低成本快乐方式，是应对环境挑战的自然心理现象，也是阻碍生活状态调整的病态价值工厂。

生活给每个人都出了一份考卷，而我们将用一生的时间对着我们的答案缝缝补补，最终在弥留之际颤颤巍巍地交上独一无二的答卷。

但遗憾才是世界的常态，就像人难免会犯错，一些不适当的场合，一些不恰当的举措，一个不规范的结论，或者是一段不完美的感情……就像这些可怜的人儿在这一百米长的考卷上不小心留下了一道或者两道小错题，尚非大过，却也在记忆中留痕。

所以我在中学时期疯狂地幻想，或许，也和这些小错题有关。犯了错，周测的成绩就会下滑，我眼中的同学和老师就会嘲笑我；犯了错，本该属于我的机会就会拱手赠予他人，父母和我就都会不甘；犯了错，我就会内疚，就会害怕，就会不禁想象可怖的后果，就会开始幻想：如果我没犯错，那么我的生活是不是就会变得更好？

至今我仍在幻想，幻想如果我认真听了微积分的第一节课，是不是现在就能跟上教授的思维和进度了；幻想如果我实验课中管盖没有拿错，荧光 PCR 的结果是不是就会正常了；幻想如果我能够更高效一些，是不是就能有更多的时间和家人老师朋友联络感情了……

我惊讶地发现，我的幻想，好像越来越务实了，我越来越容易接受我犯下的错误，也越来越主动地思考和践行纠错的可能与方案。

过去，我痛心疾首地斥责幻想对我精神的种种毒害，因为它让我无止境地沉溺于过去，别里科夫般地为一时的遗憾与虚名停留。

现在回想起来，我仍然赞同曾经的观点，但朦胧之中，我似乎离“幻想”这道生活考卷中的错题又更近了一步，原来随着我的成熟，幻想会逐渐回归为想象，会因为我能力的提升而逐渐推动我迈向未来，就像让我在过去短暂的抉择中毅然决然地选择另一条道路，然后带着信念猛然前进，一刻也不会停留一样。

马拉松

大学时期，我初次品尝了马拉松的美妙滋味。

“蛊惑人心”的多巴胺与激素，在一次次近乎折磨的生理极限中制造快乐……

究竟是疲惫推动我逃离似的结束马拉松，还是快乐支持我清醒般地完成马拉松？

结果或许得下一次马拉松才能知道。

清华的马拉松就是这样，永远人性化地定在周末，却不会管这周的你是积攒了一身的疲劳还是克制了一周的干劲，就像跑过二校门的我，永远在未来为自己预留下美好的计划，却不管现在的我是不是快乐。

我似乎永远在纠结，永远在执着地因为疲劳而休息，因为快乐而努力，就像现在午夜 2 点的我在为码字而码字；仿佛此刻的我只是某种被我创造出来的意志的载体，让我麻木地停留在现在，任凭思想和灵魂在这具纠结的躯壳里腐朽生锈，繁衍出单纯追求快乐或者厌倦疲劳的低等怪物。

所以我又跑了一次马拉松。同样的半场，同样的配速，同样的感觉竭尽全力却又意犹未尽，同样的再一次为疲劳和快乐、现在和未来而纠结良久。

但是，这一次，在我拼尽全力奔跑的过程中，我只想着前进的唯一念头，这一刻，我隐约明白，快乐和疲劳、躯体与灵魂，都只是被我赋予意义的物质，下一刻的我或许仍将为此纠结，但至少，此时此刻，我只应全力奔跑，一刻也别为现在停留。

Deadline

在每一个 23 点 59 分，我都会与 Deadline 鏖战。

但好像，我从未战胜过它，正如我向学校承诺的“死线”一拖再拖，但至今我仍未交稿。

我的网名叫“ddl 大逃王”，个性签名是“讨厌 ddl”，特长是很会在 ddl 大逃亡的过程中成为懒王。

可是我真的懒吗？

我和其他的清华学生一样，课表没有填满，但也绝对不算空，科研没有深入，但也算不上抛弃，能锻炼，会自习，到点按时上课，活动总能卡点参加，作业尽管不会早交但也从不迟交。我的室友和我类似，甚至有的时候完成时间比我还晚，或者成绩还没我高。

我的生活似乎就是这样，在生命迈入 9 点到 10 点的时候，我的生活也会不紧不慢地跨入早上 7 点的时区，而我周围的人貌似也是如此，这让我总是不由感慨生命对于人类的慷慨与无私，使得像我这样笨拙懒惰的“双脚无毛直立猿”也能够在这片蔚蓝星球上平庸地活着。

那么为什么还会有“Deadline”这样不可直视、不可描述、不可亵渎之物存在呢？

我找遍了我生活的每一个角落，却仿佛从未遇见答案。除非，我的生活本身就是一个错误。

我的生活当然没有错误，只是我的描述出现了误差。

我的确算不上低效或者懒惰，只是完全有机会让我的生活与我的能力更进一步，不是我算不上努力，而是我把标准降低到低于自己的能力。我本该在疾驰的生命列车上永不停息地向前奔跑，却因为贪恋沿路名为“生活”的站台而频频停靠。

我只是觉得停留在我虚设的“生活”与肉眼可见的未来是一件舒服的事情。

所以我意识到这不是一件令我舒服的事情。

我该如列车，把奔腾化作梦想的停泊，一刻也不为这“虚假”的生活停留。

不忘初心向未来

朱书群

成长悟语

人生的出彩并不仅仅局限于职业成就。它还体现在我们如何与家人、朋友相处，如何面对困难和挑战，以及我们如何在平凡的生活中寻找和创造快乐与幸福。只有当我们能够全面而深刻地理解生命的意义和价值时，才能真正实现人生的出彩。

在湘西南那片被群山环抱的宁静之地，武冈市展辉学校如同一颗璀璨的明珠，照亮了我童年与少年的求学之路。回望那段从偏远小镇到首都北京，从懵懂孩童到清华大学学子的旅程，我的心中充满了对生命、对人生无尽的感慨与深思。展辉学校“让生命展辉”的办学宗旨，不仅是我求学路上的灯塔，更是我人生旅途中不断追寻的信仰。

“让生命展辉”，这不仅仅是一句口号，更是一种人生态度。在我看来，生命的展辉意味着不断超越自我，勇于挑战极限，同时也不忘回馈社会，用自己的知识和能力为他人带来光明与希望。

在求学之路上，我始终保持着对知识的渴望和对未知的探索。我深知，只有不断学习、不断进步，才能跟上时代的步伐，实现自我价值的升华。因此，我积极参与各类学术竞赛和科研项目，努力提升自己的专业素养和综合能力。

同时，我也注重培养自己的兴趣爱好和人文素养，努力成为一个全面发展的人才。

除了个人成长外，我还积极参与志愿服务和社会实践活动。我相信，每个人的生命都是有限的，但我们可以通过自己的努力，让这个世界变得更加美好。在志愿服务中，我感受到了帮助他人的快乐和价值，也更加坚定了自己回馈社会的决心。

对我而言，能够在航空动力领域取得一定的成就，为国家的科技进步贡献自己的力量，就是生命展辉的一种体现。同时，我也希望能够通过自己的努力，影响和激励更多的人去追求自己的梦想，实现自我价值。

当然，人生的出彩并不仅仅局限于职业成就。它还体现在我们如何与家人、朋友相处，如何面对困难和挑战，以及我们如何在平凡的生活中寻找和创造快乐与幸福。只有当我们能够全面而深刻地理解生命的意义和价值时，才能真正实现人生的出彩。

最后我想说的是：无论我们来自哪里、身处何方，只要我们不忘初心、砥砺前行，就一定能够书写出属于自己的精彩篇章！

追寻梦想的征程

唐家钰

成长悟语

生命如同一朵绽放的鲜花，虽然短暂，却闪耀着绚丽的光彩。因此，我们应该珍惜眼前的每一个时刻，珍惜和家人、朋友在一起的时光，珍惜和自己相处的每一刻。只有珍惜生命，才能更好地享受生活，体验生命的美好和意义。

在人生的征程中，我们都曾面对过各种选择、挑战和困难。而这一路上，我们所经历的一切，不仅塑造了我们的个性和性格，更深刻地影响了我们对生命的理解和态度。回首展辉学校的初中、高中岁月，我仿佛看到了自己成长的足迹，那些点滴的收获和经历，如同明亮的星光，在我心中闪耀。如今，我步入了清华大学的校园，继续着追寻梦想的旅程。在这个人生的拐点，我不禁思索起过去的种种，以及未来的种种可能。愿这篇文字，能够勾勒出我生命中的一部分，也能为读者带来一些启示和思考。

首先，我意识到生命是一场不断探索、不断成长的旅程。在成长的过程中，我们会面临各种各样的挑战和困难，需要不断地克服和奋斗。这些经历不仅能够磨炼我们的意志、锻炼我们的能力，还能够丰富我们的人生阅历，使我们更加坚强和成熟。

其次，我深信每个人都应该有自己的人生理想和追求。人生若无目标，犹如船失去了舵，随波逐流，无法抵达彼岸。因此，我们应该勇敢地追逐梦想，坚持不懈地实现自己的人生目标，让生命在不断的奋斗中绽放出绚丽的光芒。

同时，我也认识到生命的意义在于奉献和回报。作为社会的一员，我们应该肩负起责任和义务，为社会的发展和进步尽一份自己的力量。无论是在学习、工作还是生活中，我们都应该积极参与，为他人带来帮助和温暖，让世界因为我们的存在而变得更加美好。

最后，我深深感受到了生命的脆弱和宝贵。生命如同一朵绽放的鲜花，虽然短暂，却闪耀着绚丽的光彩。因此，我们应该珍惜眼前的每一个时刻，珍惜和家人、朋友在一起的时光，珍惜和自己相处的每一刻。只有珍惜生命，才能更好地享受生活，体验生命的美好和意义。

生命是一段奇妙而珍贵的旅程，我们应该珍惜眼前，感恩过去，展望未来，勇敢地面对挑战，坚定地追求梦想，让生命在不断地思考和感悟中展现出更加丰富和深刻的内涵，为自己的人生增添更多的色彩和意义。

我要活出怎样的人生？

林小文

成长悟语

我们都是从不同地方走来的，短暂地碰面，不久之后也会各自奔赴下一站，所以我从始至终需要关注的，只是我要活出怎样的人生。

我目前的专业是国际政治，已经通过学校的“深耕计划”保研。这是一个“2＋2”项目，先在相应岗位工作两年，再在公管学院公共政策方向读两年硕士。我所在的是海外方向，目前的安排是先在学校全球胜任力发展指导中心工作一年，之后一年申请国际组织实习。现在我正处在整个大学最“闲”的时候，只要成功毕业，至少未来两年的计划都很明确；但同时我也很忙，大一时候的我绝对想不到，到大四我会同时做着三份社工，还要写毕设、找实习，每天都有一大堆事要做。

坦率地说，关于对未来长久的规划，我目前还并不明晰。这可能是因为我太“贪心”，或者说是很“迟钝”。现阶段知道未来还有很多可能性，这件事情本身就让我感到满足。这也是我选择深耕计划的一个原因，在学校和国际组织岗位上收获不同的体验，在做出关键决策前可以多了解不同道路的选择，不用急急忙忙得到一个答案。

处在这样一个节点上，我会认为了解并悦纳自己非常重要，探寻自己的梦想、接纳自身欲望，同时也要认清自己的实力，综合起来设定大致的发展方向，接下来选择和努力就都很重要。很多时候我也会感到焦虑，因为身边同学都很优秀，好像每条赛道上都有人比我更加突出。这个时候我更会提醒自己，我们都是从不同地方走来的，短暂地碰面，不久之后也会各自奔赴下一站，所以我从始至终需要关注的，只是我要活出怎样的人生。这种专注自身的平和心态，我大概还要花上很长很长时间才能修炼成熟，与大家共勉。

努力是通往成功的捷径

刘雨欣

成长悟语

努力虽然看似需要付出很多，但它实际上是一条通往成功的捷径。没有这些努力，我们可能只是一个空想的白日梦想家，无法实现自己的目标，也无法解决遇到的困难。

现在的我即将参加工作，站在这新的人生路口，对过去的求学经历有着无限的感慨。回首过去那些求学的日子，心中涌动着无尽的感慨。虽然我尚未成为货真价实的世俗上的成功人士，但我也想分享这一路走来的一些经历和感悟，或许能给读者带来些许启发。

对我而言，发现自我、找到自我、觉醒自我，无疑是我从一个普通学生逐渐迈向追求卓越之路的最关键、最核心的环节。在中学时期，这一过程的实现得益于展辉教育的影响，以及大量的阅读；而在大学之后，我仍然在一次又一次的亲身实践中继续完成自我的发掘。中学时，在深入钻研物理化学的过程中，我自然而然地阅读了近代众多杰出科学家的传记，对我影响最深的是有关量子力学奠基的那一部分。那些被描绘出的科学图景让我心潮澎湃，仿佛看到了未来科学的无限可能。这份激动与向往，让当时的我坚定了成为一名科学家的目标。正因为有了这样清晰的目标，我在整个中学阶段都拥有了源源不断的动力与毅力，全身心地投入到学习中，只为能够考上最高学府，实现人生价值。进入清华后，虽然对科学研究的实际接触让我对其祛魅，但我也在多次尝试与探索中发现了新的人生兴趣与目标。于是，我决定投身人工智能的应用领域，开启新的人生篇章。而能够顺利地转型，也是因为我始终坚守着实现自我的内驱力，这股力量让我能够勇敢地面对并克服过程中的一切困难与挑战。如今，随着互联网的飞速发展，读者们能够接触到的信息量愈发庞大，信息来源也愈发丰富。这使得我们有机会对自己感兴趣的领域进行深入的了解与探索。或许有的读者会认为，初高中时期还不够成熟，此时为自己设定的目标可能不足以支撑终生的奋斗。然而，我想说的是，发现自我、寻找自我，其实是一个终生的历程。我们不必苛求自己在年轻时就能找到一生的目标，只要在当下、在可预见的几年内，我们能够找到自己真正热爱、愿意为之奋斗的目标，能够因此激发出内心的动力与毅力，那便已经足够了。这股力量，就像一盏明灯，能够在繁杂困难的日常中为我们照亮前行的道路，让我们始终保持清醒的头脑，坚定地朝着目标前进。只要我们拥有了这样的力量，那么，无论面对什么样的挑战与困难，我们都有能力去完成任何事情，实现自己的梦想。

在我的成长过程中也遇到了许多困难。面对这些困难和挑战，我逐渐发现，很多时候一些问题看起来很高大上或者很复杂，让人望而生畏，并因此却步。但当真正接触并深入探索时就会发现，原来每个问题都有其相应的解决办法，而且这些解决办法往往可以从以往的经历中找到相似的借鉴。这使我深刻体会到，放下顾虑，直接面对并解决问题，才是克服困难的最好途径。以高中时期的数学压轴题为例，那时的我，每每看到这类题目，总会因为它们的复杂和难度而选择放弃。然而，每次在放弃后听老师讲解时，我都会惊讶地发现，其实这些题目并没有想象中那么可怕。如果当初我能够鼓起勇气，尝试去拆解它们，一步步地寻找解题的方法，就会发现每一步的解法都是有迹可循的。进入清华后，作为一个来自不发达小县城的学生，我最初是感到自卑和迷茫的。身边有的同学早已修习过大学的许多课程，他们在考试、实验等方面都表现得游刃有余，而我在这些方面却显得力不从心。在学习之外的艺体实践技能方面，我和他们之间更是存在巨大的差距。然而，随着我逐渐接触并深入学习这些课程和实践，我发现，学习这些东西所需的能力，其实与高中时学习知识的能力并无本质区别。只要我愿意付出时间和努力，我也可以逐渐弥补前十八年教育上的差距。这个过程中，我逐渐认识到，无论面对多大的困难，只要我们能够将其拆分成若干个小问题，并用实际行动去解决，那么这些困难就不再是无法跨越的鸿沟。对于读者们来说，或许现在最大的困难来自日常的考试。但我想说的是，如果我们能够将一次考试的知识点与困难进行拆分，然后用适当的学习方法和反复的练习逐个击破，那么面对这些难题时，我们也会变得更加从容和自信。因此，不要害怕困难，不要逃避挑战，只有真正去面对和解决它们，我们才能不断成长和进步。

当然，我能考上清华并能在自己喜欢的领域中发展，这背后离不开我付出的努力。我必须承认，我并非一个始终勤奋的人。很多时候，懒惰和贪玩的本性也曾让我陷入困境，未能如期完成自己的计划，甚至有时因为玩乐而白白浪费了宝贵的时间。然而，一旦我确定了目标并决心坚持，我便会为此付出超乎寻常的努力。我明白，任何目标的实现都需要汗水的浇灌，否则它们只能是遥不可及的空想。在高中时期，尤其是高三的假期，我毅然放弃了外出游玩的机会，选择留在教室自习，以弥补自己学习上的不足。作为走读生的我，更是坚持与住校生一同早起参与早读与早操，晚上回到家中也会继续沉浸在书海中，丰富自己的写作素材。进入本科阶段后，每次面对考试或项目挑战时，我都会全身心投入，从早到晚沉浸在图书馆和教室中，直到闭馆才依依不舍地返回宿舍。因此我想告诉读者们，努力虽然看似需要付出很多，但它实际上是一条通往成功的捷径。没有这些努力，我们可能只是一个空想的白日梦想家，无法实现自己的目标，也无法解决遇到的困难。

回首成长路，筑梦未来途

肖尊球

成长悟语

生命是短暂的，我们应该珍惜每一天，努力追求自己的梦想和目标。人生是充满挑战和机遇的，我们应该勇敢面对困难，积极寻求解决问题的方法。理想是指引我们前进的灯塔，我们应该坚定信念，勇往直前。

转瞬间，展辉学校迎来了它的20周年庆典。站在这历史的交会点上，回首往昔，能够作为展辉的一分子，在这里度过我人生中最为宝贵的青春时光，我深感荣幸。九年前，我以优异的成绩考入全国最好的大学——清华大学，开始了新的学习和生活。

在展辉学校的日子里，我经历了从稚嫩到成熟的蜕变。记得刚入学时，我还是一个对未知充满好奇和迷茫的少年。正是展辉学校那严谨的学风和优秀的师资力量，让我逐渐找到了自己的方向和目标。老师们用他们的智慧和热情点燃了我心中的希望之火，他们不仅在课堂上传授知识，更在课后耐心解答我们的疑问，关心我们的成长。在他们的悉心指导下，我逐渐培养起了良好的学习习惯和思维方式，学习成绩也稳步提升。

考入清华大学后，我迎来了新的挑战和机遇。这里汇聚了来自全国各地的优秀学子，他们的才华和激情让我深受启发。我更加珍惜这个难得的机会，努力学习专业知识，拓宽自己的视野和思维。清华的课程设置严谨而丰富，老师们的教学方法灵活多样，让我能够全面、深入地了解各个学科的知识。同时，清华还注重培养学生的创新能力和实践能力，为我们提供了许多实践机会和平台。我积极参加科研项目和实习实践，不断提升自己的实践能力和创新能力。

在清华的学习生活中，我也面临着许多挑战和困难。有时候，我会因为学习压力过大而感到焦虑和迷茫；有时候，我会因为人际关系问题而感到困惑和不安。但是，正是这些挑战和困难让我更加坚定了自己的信念和目标。我学会了如何调整自己的心态和情绪，如何面对挑战和困难并寻找解决问题的方法。除了学习，我也注重培养自己的兴趣爱好和社交能力。我加入了学校的创新和体育协会，与志同道合的朋友们一起参加各类科研活动和运动。这些经历不仅丰富了我的课余生活，更让我结识了许多有趣的朋友，收获了珍贵的友谊。本科毕业后，我并未停下探索学术的脚步，而是选择继续留在清华大学材料学院攻读博士学位。这是一个充满挑战与机遇的决定，我深知前方的道路并不平坦，但我也坚信，只有勇往直前，才能攀登到学术的巅峰。攻读博士学位的过程，既是一段知识的深化之旅，也是一次心灵的历练之旅。在这个过程中，我不仅要面对复杂深奥的学术问题，还要承受来自各方面的压力和挑战。然而，正是这些压力和挑战，让我更加坚定了自己的信念和追求。在清华大学材料学院的学习生活中，我深入研究了各种新型材料的制备与性能。通过不断地实验和探索，我逐渐掌握了材料科学的核心知识和技能。同时，我也积极参与各种学术交流和合作，与同行们共同探讨学术问题，分享研究成果。这些经历不仅让我更加深入地了解了材料科学的最新动态和发展趋势，也让我结识了许多志同道合的朋友和合作伙伴。除了学术研究，我还注重个人素质的提升和全面发展。我积极参加各种社会实践和志愿服务活动，将所学知识应用到实际问题的解决中。同时，我也注重培养自己的创新能力和团队合作精神，努力成为一个具有综合素质和创新能力的优秀人才。回顾这段攻读博士学位的旅程，我深感自己的成长和进步。我不仅学到了丰富的知识和技能，更学会了如何面对挑战和困难，如何保持积极向上的心态和不断进取的精神。这些宝贵的经验和品质将伴随我走向未来的学术之路，为我实现更高远的目标奠定坚实的基础。

对于未来，我满怀憧憬，心中有着清晰而坚定的规划和期待。博士毕业后，我渴望能够进入研究机构，继续深耕科研领域，投身于研发工作之中。我期望能够将所学知识转化为实际生产力，通过不断的实践和创新，为社会的发展和进步贡献出自己的一份力量。我深知，实现这些目标需要付出艰辛的努力和不懈的追求。但我相信，只要我保持对科研的热爱和执着，不断提升自己的专业素养和综合能力，就一定能够攀登到学术的高峰，实现自己的人生价值。未来之路虽然充满挑战，但我将勇往直前，迎接每一个挑战，把握每一个机遇。我期待着在未来的科研道路上，不断取得新的突破和成就，为科学事业的发展和人类社会的进步贡献自己的力量。

在成长的过程中，我对生命、人生和理想有了更深刻的思考和感悟。生命是短暂的，我们应该珍惜每一天，努力追求自己的梦想和目标。人生是充满挑战和机遇的，我们应该勇敢面对困难，积极寻求解决问题的方法。理想是指引我们前进的灯塔，我们应该坚定信念，勇往直前。同时，我也认识到，人生的意义不仅仅在于个人的成就和成功，更在于我们对社会的贡献和对他人的关爱。我们应该学会感恩和珍惜身边的人和事，因为正是这些经历和记忆构成了我们人生的宝贵财富。

回首过去，我感激展辉学校给予我的培养和机会；展望未来，我充满信心和期待。我相信，在未来的日子里，我会继续努力、不断进步，为自己的人生书写更加精彩的篇章。同时，我也希望展辉学校能够继续发扬其优秀的教育传统，培养出更多优秀的学子，为社会的发展和进步贡献更多的力量。

在未来的日子里，我将继续秉持展辉学校的精神和清华大学“行胜于言”的学风，不断学习、不断进步。我将用自己的所学所得，为社会的发展和进步贡献自己的力量。我也希望更多的学弟学妹们，通过努力学习和不懈追求，实现自己的梦想和目标。

最后，我想再次祝愿母校展辉学校 20 周年校庆圆满成功！愿母校在未来的日子里更加繁荣昌盛、培养出更多优秀的学子！也祝愿所有在展辉学校求学的同学们能够珍惜时光、努力学习、成就自己的梦想！同时，我也希望所有正在追逐梦想的人，无论身处何方，都能坚定信念、勇往直前，用自己的努力和汗水书写出属于自己的人生篇章。

卷尾

寄语·展辉

有一种思念，叫做我在清北很想你。不管身在何方，母校，永远都是我万里征程的起点；有一种期盼，叫做我在展辉盼你归。不管去往何处，展辉，永远都是你凯旋的港湾。

写给母校：

展辉留下了我太多珍贵的回忆，也让我结识了生命中最重要的一群朋友。在这里衷心祝愿展辉越来越好、再创辉煌，年年桃李、岁岁芬芳；也祝福学弟学妹们在这里茁壮成长、一举折桂，未来的故事等待你们继续书写！

——曾菱衣

校友名片： 曾菱衣

2004—2005 年　小学　展辉学校小学部

2005—2008 年　初中　展辉学校初中部

2008—2011 年　高中　展辉学校高中部

2011 年高考以湖南省文科实考分第二名的成绩考取北京大学

写给母校：

希望学弟学妹们诗酒趁年华，不负时光，不惧未来；坚定不移，勇往直前。千里之行，始于足下，用自己的不懈努力，成就美好人生。

——曾　兴

校友名片： 曾　兴

2000—2006 年　小学　邓家铺华康学校

2006—2009 年　初中　展辉学校初中部

2009—2012 年　高中　展辉学校高中部

2012 年高考以湖南省理科实考分第二名的成绩考取清华大学经济与金融专业，2019 年硕士毕业

写给母校：

值此母校20周年校庆之际，我满怀激动与感慨之情，向母校致以最诚挚的祝福。愿母校继续发扬优良传统，培育更多优秀学子，为国家和社会输送栋梁之才。同时，我也想对正在展辉学校求学的学弟学妹们说，希望你们珍惜时光，努力学习，不断追求卓越。在青春的舞台上，勇敢地追求梦想，书写属于自己的精彩篇章。愿你们在未来的日子里，无论遇到什么困难和挑战，都能保持坚定的信念和昂扬的斗志，勇往直前，创造更加辉煌的未来。再次祝愿母校欣欣向荣，祝愿学弟学妹前程似锦！

——肖尊球

校友名片： 肖尊球

2003—2009年　小学　邓家铺中心小学

2009—2012年　初中　展辉学校初中部

2012—2015年　高中　展辉学校高中部

2015年高考获武冈市理科状元，考取清华大学材料科学与工程专业

写给母校：

愿展辉学校薪火相传，继续为社会培养出更多优秀的学子。作为母校的一分子，我深知母校教育的深厚底蕴和人文氛围的独特魅力。愿这份教育理念和校园文化能够永远熠熠生辉，为学弟学妹们提供一个良好的学习环境和全面发展的舞台。愿你们在这里汲取知识的甘泉，茁壮成长，不断探索和追求，成就自己的梦想。

对于学弟学妹们，我怀着无尽的祝福和期望。在你们即将开始的大学校园生活中，要坚定自己的信念，保持对知识的渴望和追求。无论面对什么样的困难和挑战，都要勇敢面对，勇往直前，相信自己，坚持不懈，定能克服一切难关，取得优异的成绩。

在未来的人生道路上，愿你们怀揣着母校的期许和祝福，勇敢追逐自己的梦想，不断进取，不断成长。无论身处何地，都要记得母校的栽培和培养，铭记着母校的教诲和期许，永远保持对知识的热爱和对人生的憧憬。愿你们在未来的人生道路上，一路顺风，前程似锦，实现自己的理想和抱负。

——袁　峰

校友名片：　袁峰

2004—2010 年　小学　绥宁县第二小学

2010—2013 年　初中　展辉学校初中部

2013—2016 年　高中　展辉学校高中部

2016 年高考武冈市理科状元，考取清华大学测控技术与仪器专业

写给母校：

我想真挚地祝福培养我的母校，祝她生日快乐，愿她继续书写辉煌的篇章，再创历史的新高，为祖国培养更多的优秀人才。

同时，我也想对正在母校学习的学弟学妹们说几句话。亲爱的你们，每一个人都拥有无限的可能性和潜力，不要给自己的人生设限，也不要被外界的质疑和困难束缚。把你们的梦做得更大一些，相信自己，相信未来。只要你们敢于想象，勇于追求，并且能够持之以恒地坚持努力，你们一定能够实现自己的学习目标，进入自己理想的学府。学习是一个漫长而艰辛的过程，但也是一个充满希望和收获的过程。不要害怕失败，不要逃避挑战，因为正是这些经历使你们更加坚韧和成熟。相信自己的能力和潜力，相信你们一定能够创造出属于自己的辉煌。

——易雪晴

校友名片：　易雪晴

2005—2011 年　小学　武冈市东方红小学

2011—2014 年　初中　展辉学校初中部

2014—2017 年　高中　展辉学校高中部

2017 年高考考取清华大学药学专业

写给母校：

在母校校庆之际，我衷心祝愿母校蒸蒸日上，发展越来越好。愿母校在教育的道路上不断前行，为祖国培养更多的优秀学子，让他们在各自的领域里绽放光彩，为祖国的繁荣与昌盛贡献自己的力量。也祝愿母校的老师们能施展自己的教育理想与抱负，桃李满天下。

对亲爱的学弟学妹们，我衷心祝愿大家学业有成，前途似锦。希望大家能在展辉拥有快乐且充实的学习时光，也希望你们珍惜在母校的每一刻，向老师们不断学习，与同学们共同进步。同时，我也希望大家能找到自己的奋斗目标，并为此付出行动与努力，在不久的将来进入自己的理想学府，并在之后能够投身自己喜欢并不断追求的事业。

——刘雨欣

校友名片：

刘雨欣

2005—2011年　小学　武冈市红星小学
2011—2014年　初中　展辉学校初中部
2014—2017年　高中　展辉学校高中部
2017年高考考取清华大学

写给母校：

回望来时路，从展辉到清华，每一步都凝聚着老师的关爱和学校的关怀，凝聚着自己的汗水与同伴的支持。展辉学校赋予我们的不仅是知识，更是那份“让生命展辉”的勇气和信念。此时此刻，你们正站在新的起点，眼前是无限可能的世界。请珍惜在校的每一天，努力学习，勇敢探索。面对挑战，不要畏惧失败，因为每一次跌倒都是成长的垫脚石。加油，展辉的学子们，未来的星空因你们而更加璀璨！

——朱书群

校友名片： 朱书群

2006—2012 年　小学　武冈市南桥完全小学

2012—2015 年　初中　展辉学校初中部

2015—2018 年　高中　展辉学校高中部

2018 年高考武冈市理科状元，考取清华大学航空动力专业

写给母校：

母校，是一片孕育梦想的沃土，也是我心中永远的港湾。每一砖每一瓦，都诉说着曾经的青春岁月；每一树每一花，都见证着我们的成长与蜕变。在这里，我们学会了知识，更学会了如何成为一个有担当、有情怀的人。

对于即将踏上新征程的学弟学妹们，我衷心祝愿你们能够在母校的培育下，茁壮成长，放飞梦想。愿你们用勤劳的汗水浇灌希望之花，用智慧的思想照亮未来之路。无论未来走到哪里，都不要忘记母校的教诲，不忘初心，砥砺前行。

我期待你们能够成为社会的栋梁之才，为国家的繁荣富强贡献自己的力量。同时，也希望你们能够保持一颗感恩的心，珍惜身边的每一个人和每一次机会。愿你们的青春岁月，如母校般璀璨夺目，绽放出最美的光彩！

——庚金泓

校友名片：庚金泓

2007—2013 年　小学　湾头桥镇中心小学

2013—2016 年　初中　展辉学校初中部

2016—2019 年　高中　展辉学校高中部

2019 年高考考取清华大学

写给母校：

一路走来我都非常幸运，得到很多老师和同学的帮助。我知道走得越远，越要清楚自己从何而来、要往哪儿去，而这条路上我最需要依靠的还是我自己。

小学、中学、大学，我马上要踏进更广阔的社会，前路未知更多，也有更多的可能性。我会忐忑、紧张，也会兴奋、向往，一如同样走在人生旅途中的所有人。“我会活出怎样的人生？”让我们做自己的舵手，去奋斗出一片天地吧。

——林小文

校友名片：　林小文

2008—2014 年　小学　武冈市南桥完全小学

2014—2017 年　初中　展辉学校初中部

2017—2020 年　高中　展辉学校高中部

2020 年高考武冈市文科状元，考取清华大学国际关系专业

写给母校：

转眼已经毕业4年，母校也从我当初入学时的10周年校庆来到了20周年校庆，回首在展辉的6年时光，有太多难忘的记忆。展辉秉持“适性教育”的理念，给了我包容的成长环境，使我的心智变得成熟；展辉也给了我无私的教导，让我在学习的道路上不断进步、笃行致远；展辉更给了我梦想的信心，令我在追梦的道路上勇敢前行，实现生命的展辉。在此祝愿母校的学弟学妹们健康成长、学业有成、前程似锦，祝母校的老师以及各岗位的工作人员家庭幸福、工作顺利、平安喜乐，祝母校年年桃李、岁岁芬芳、越办越好！

——陈远航

校友名片：

陈远航

2008—2014年　小学　城步苗族自治县红旗小学

2014—2017年　初中　展辉学校初中部

2017—2020年　高中　展辉学校高中部

2020年高考武冈市理科状元，考取清华大学核工程与核技术专业

写给母校：

展辉是我生命中特殊而又鲜明的一段，我始终对展辉怀有深深的感激和敬意。展辉是我成长的摇篮、知识的源泉，更是我人生旅途的起点。在展辉，我收获了友情、知识和成长，也留下了青春的足迹和回忆。衷心祝愿展辉能够蒸蒸日上，继续为无数学子提供广阔的舞台。

正值春分，春和景明、春暖花开之时，学弟学妹们也正处于人生中最美好的时光，充满无限的可能和潜力，衷心祝愿学弟学妹们珍惜时光，努力学习，勇敢探索，不断超越自己。愿你们能够结交志同道合的朋友，共同成长，共同进步，创造更美好的明天。

同时，希望学弟学妹们能够保持一颗平常心，不必时刻紧绷，偶尔停下来享受生活。成长的过程不会一帆风顺，但正是这些挑战和磨砺塑造了我们的品格和能力。所以，请相信自己，相信未来，你们一定能够创造出属于自己的精彩人生。

最后，再次祝愿母校蒸蒸日上，祝愿学弟学妹们前程似锦、未来可期！

——吴子祎

校友名片： 吴子祎

2008—2014 年　小学　武冈市实验小学

2014—2017 年　初中　展辉学校初中部

2017—2020 年　高中　展辉学校高中部

2020 年高考考取清华大学

写给母校：

展辉学校，是我人生的转折点，也是我梦想的源泉。在这里，我度过了青涩而美好的初高中时光，收获了无数珍贵的回忆和宝贵的知识。展辉学校的校庆，不仅是对过去的回顾，更是对未来的展望。作为一名展辉学子，我深知展辉学校对我的影响和培养。正是在这里，我树立了追求卓越、勇攀高峰的信念，也感受到了教师们无私的奉献和校友们的深情厚谊。

回首展辉学校的二十年，我为母校取得的优异成绩感到自豪与骄傲。作为母校的一分子，我深信“让生命展辉”的办学理念将继续激励着一代又一代的学子，踏上追求梦想的征程。在这里，我要向母校师生们致以最诚挚的祝福，愿母校越办越好，越来越辉煌！同时，我也希望所有的学弟学妹们能够珍惜求学时光，努力奋斗，勇往直前，将展辉学校的荣光传承下去，让生命在奋斗中绽放出更加绚烂的光芒！

——唐家钰

校友名片：唐家钰

2009—2015 年　小学　武冈市红星小学

2015—2018 年　初中　展辉学校初中部

2018—2021 年　高中　展辉学校高中部

2021 年高考获武冈市物理类状元，考取清华大学车辆与运载学院

写给母校：

时光荏苒，转眼间我已离开母校的怀抱，踏上了人生的新征程。在这片充满智慧与活力的土地上，我收获了知识、友谊和成长。母校，您就像一位慈祥的母亲，用宽广的胸怀包容我们的错误，用无尽的耐心引导我们前行。您的教诲如同春风化雨，潜移默化地滋养着我们的心灵，让我们在知识的海洋中遨游，勇敢地追逐梦想。

亲爱的学弟学妹们，你们正站在人生最美好的起点上，拥有着无限的可能和希望。愿你们珍惜在母校的每一天，不断探索、学习、实践，让每一次尝试都成为成长的阶梯。愿你们保持好奇心和求知欲，勇敢地追求真理，不畏困难，坚持自我。愿你们在团队合作中学会沟通与协作，培养领导力和责任感，成为社会的栋梁之材。

未来的道路或许充满挑战，但请相信，每一分努力都将开花结果。愿你们以坚定的信念和不懈的努力，书写属于自己的精彩篇章。愿你们的人生之路，如同彩虹一样，光明、正直、充满智慧和力量。加油，未来的希望在你们身上，愿你们前程似锦，梦想成真！

——邓联建

校友名片： 邓联建

2009—2015 年　小学　邓元泰中心小学、展辉学校小学部

2015—2018 年　初中　展辉学校初中部

2018—2021 年　高中　展辉学校高中部

2021 年高考考取清华大学化学工程与工业生物工程专业

写给母校：

武冈是我的血脉故乡，而展辉是我的精神故乡。

“桃李不言，下自成蹊。”母校一直是培育才子名师的古树。我祝愿她能扶摇直上，在潇湘再创名校辉煌；我坚信她能不忘初心，将“让生命展辉”的快乐教育理念薪火相传；我希望她能幸运长青，让每一位展辉人生活顺遂；我守候她的下一个十年，让全天下所有的展辉校友都能重回故乡。

我希望展辉的学子，勤奋又上进，传承展辉人的优秀品质；我希望展辉的学子，聪明又尊师，养成展辉人的良好习惯；我希望展辉的学子，健康又坚强，展现展辉人的蓬勃面貌；我希望展辉的学子，优秀又谦虚，书写展辉人新的历史华章！

我坚信学校能赠予学子高尚的道德与先进的思想，也祝愿学子能留予学校满意的成绩与由衷的感激，我盼望当我老去的那一刻，能回到我洋溢青春的故乡，静静地看着展辉如常绽放。

——杨晨熙

校友名片：杨晨熙

2011—2017 年　小学　武冈新东中心小学

2017—2020 年　初中　展辉学校初中部

2020—2023 年　高中　展辉学校高中部

2023 年高考考取清华大学工科试验班类（为先书院）